신나라 부경 한국어

채영희 지음

06

Spainish

신나라 부경 한국어

여는 글

부경대학교 언어교육원이 한국어 교육을 시작한 지 올해가 10년이 되는 해입니다. 대마도 고등학교 학생들이 부경대학교에 입학하면서 한국어 교육을 시작하게 된 그날의 기억이 새롭습니다. 집안에 가보로 간직한 한국어 문서를 자기 목소리로 읽고 싶다고 하시던 일본 할아버지도 기억납니다. 그분들의 새로운 언어를 배우고자 하던 열정이 한국어를 더 많이 가르쳐 드리고 싶다는 열정에 뒤질까 노심초사 하던 시간들이 오늘까지 이어지고 있습니다.

한국의 위상이 높아짐에 따라 한국어를 배우고자 하는 열기는 이제 아시아를 넘어 세계로 향하고 있습니다. 한국어를 가르치는 일을 하면서 항상 느끼는 것은 한글에 대한 자부심입니다. 온 세계에 가장 자랑하고 싶은 한글을 세계인에게 알리는 최전선에 있다는 사실이 우리 한국어 선생님들의 자랑입니다. 한글 창제의 과학적 원리와 아름다운 조형성을 생각하면 한글을 창제하신 세종대왕의 백성 사랑하신 마음이 전해져 옵니다. 또한 어려운 시절 우리말과 글, 그리고 얼을 목숨을 다해 지켜내신 선각자 여러분들의 애틋한 마음도 함께 합니다.

지금 부경대학교에는 50여 나라에서 온, 천여 명의 유학생이 자신의 미래를 위한 준비를 열심히 하고 있습니다. 이들에게 도움을 주고자 초급 부경 한국어는 현재 14개국의 언어로 만들었습니다. 초급의 경우는 모국어의 도움이 필요하다고 생각되어 한국어와 각 나라의 언어로 만들었습니다. 이 과정에서 많은 유학생과 한국어 선생님들의 도움이 있었습니다. 도움을 주신 분들께 깊이 감사드립니다.

각 과는 준비단계에 그림을 통해 어휘를 쉽게 익히도록 배려하였으며, 역할극을 통해 언어기능에 중점을 둔 학습활동을 하도록 하였습니다. 그리고 각 과의 목표문법을 익힌 다음 확인 학습을 통해 배운 내용을 완전히 익히도록 하였습니다. 덤으로 문화에 대한 내용을 덧붙여 한국에 대한 흥미를 지니도록 구성하였습니다.

이 책이 세상에 나오도록 정성을 다해 도와준 분들이 많이 있습니다. 표지를 멋지게 디자인해 주신 디자인학과의 홍동식 교수님, 부드러운 목소리로 한국어의 아름다움을 세상에 알리는데 기꺼운 마음으로 도와주신 선호제님과 김새해님, 따뜻한 그림으로 책을 멋지게 만들어 주신 하늘기획 여러분, 그리고 책을 출판할 수 있도록 재정적 지원을 해주신 부경대학교 교육역량 사업단과 이 번거로운 일을 마다하지 않고 도와준 홍보협력과 여러분과 편집위원 여러분께 깊은 감사를 느립니다.

부경대학교 한국어 책임교수 _ **채 영 희**

일러두기

Presentaciones

제1과 소개하기

Diccionario Ilustrado 그림사전

명사	Nombres
국적	Nacionalidad
나라	País
남자	Hombre
번호	Número
사람	Persona
사진	Fotografía
선생님	Profesor
세계	Mundo
스페인	España
여권	Pasaporte
여자	Mujer
의사	Médico
이름	Nombre
지도	Mapa
직업	Profesión
책	Libro
친구	Amigo
학교	Escuela
학생	Estudiante, alumno
한국	Corea
회사원	Empresario
동사	**Verbos**
소개하다	Presentar(se)
인사하다	Saludar
기타	**Otros**
~이다	Ser

1 준비단계 : 어휘 익히기

각 과에서 학습해야 할 어휘 목록을 품사 별로 정리한 것이다.
각 단어의 발음은 부경대학교 언어교육원 홈페이지에서 들을 수 있다.

각 과의 내용 이해를 돕는 주요 어휘를 그림으로 학습한다.

Diálogo 대화

안녕하세요? 제 이름은 후안이에요. Hola, ¿qué tal? Mi nombre es Juan.

유진: 안녕하세요? 저는 유진이에요.
Hola, ¿qué tal? Yo soy Yujin.
이름이 뭐예요? ¿Cómo te llamas?
후안: 안녕하세요? 제 이름은 후안이에요.
Hola, ¿qué tal? Mi nombre es Juan.
유진: 후안 씨는 어디에서 왔어요?
Juan, ¿de dónde eres?
후안: 스페인에서 왔어요.
Soy de España.
유진: 지금 어디에 살아요? ¿Dónde estás viviendo ahora?
후안: 기숙사에 살아요. Estoy viviendo en la residencia.
유진: 만나서 반가워요. Encantada de conocerte.
후안: 저도 만나서 반가워요. Yo también, encantado de conocerte.

어휘 및 표현

저	yo	지금	ahora
이름	nombre	기숙사	residencia
뭐(=무엇)	qué	안녕하세요?	hola.
~씨	Sr. Sra	N에서 왔어요.	ser de N, venir de N
어디	dónde	N에 살아요.	vivir en N
스페인	España	만나서 반가워요.	encantado/a de conocerte

2 말하기 : 역할극 하기

특정 상황의 대화를 익히고 응용할 수 있다. 대화내용은 부경대학교 언어교육원 홈페이지에서 들을 수 있다.

대화에 나온 어휘와 표현을 정리하여 학습자의 이해를 돕는다.

3 목표 문법 제시 : 문법 익히고 활용하기

• 다양한 활동을 통해 문법을 학습한다.

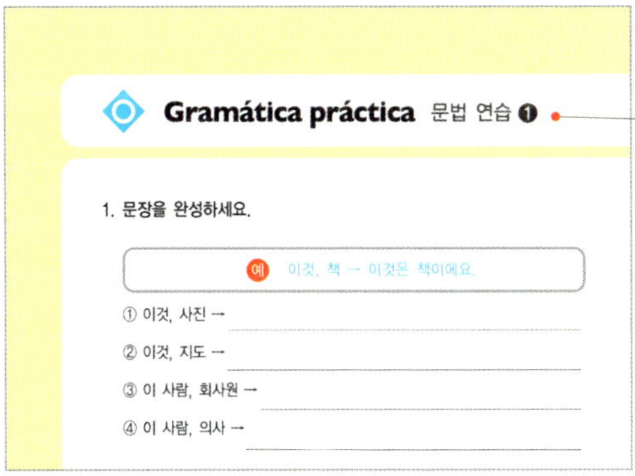

4 확인 학습 : 문법

• 학습 문법을 이용해 다양한 의사소통 활동을 유도한다.

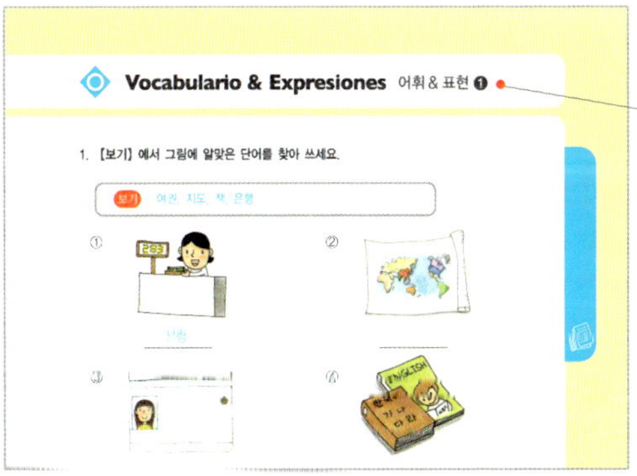

5 확인 학습 : 어휘와 표현

• 학습 어휘를 이용해 주제와 관계 있는 이야기를 구성해 본다.

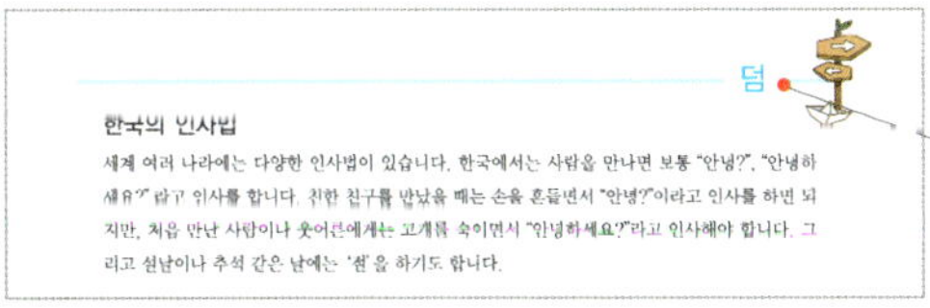

6 문화 알기

• 한국의 문화를 소개하여 학생들에게 한국어에 대한 흥미를 가지도록 한다.

차례 Índice

[Nota] Cuando se introduce nueva gramática en este libro, N, V, A corresponden cada uno a nombre, verbo y adjetivo respectivamente, como parte específica de la oración.

N : nombre 명사 | V : verbo 동사 | A : adjetivo 형용사

한글 Escritura Coreana

1 모음 | Vocales

글자	발음	글자	발음	글자	발음
ㅏ	a [a]	ㅠ	yu [ju]	ㅘ	wa [wa]
ㅑ	ya [ja]	ㅡ	eu [ɨ]	ㅙ	wae [wæ]
ㅓ	eo [ə]	ㅣ	i [i]	ㅚ	oe [ö/we]
ㅕ	yeo [jə]	ㅐ	ae [æ]	ㅝ	wo [wə]
ㅗ	o [o]	ㅒ	yae [jæ]	ㅞ	we [we]
ㅛ	yo [jo]	ㅔ	e [e]	ㅟ	wi [ü/wi]
ㅜ	u [u]	ㅖ	ye [je]	ㅢ	ui [iɨ]

2 자음 | Consonantes

글자	이름	발음	글자	이름	발음
ㄱ	기역	g,k [k]	ㅋ	키읔	k [kʰ]
ㄴ	니은	n [n]	ㅌ	티읕	t [tʰ]
ㄷ	디귿	d,t [t]	ㅍ	피읖	p [pʰ]
ㄹ	리을	r,l [r,l]	ㅎ	히읗	h [h]
ㅁ	미음	m [m]	ㄲ	쌍기역	kk [k']
ㅂ	비읍	b,p [p]	ㄸ	쌍디귿	tt [t']
ㅅ	시옷	s [s]	ㅃ	쌍비읍	pp [p']
ㅇ	이응	ng [ŋ]	ㅆ	쌍시옷	ss [s']
ㅈ	지읒	j [ts]	ㅉ	쌍지읒	jj [ts']
ㅊ	치읓	ch [tsʰ]			

* 연습

	ㅏ	ㅓ	ㅗ	ㅜ	ㅡ	ㅣ	ㅐ	ㅔ	ㅚ	ㅟ
ㄱ	가	거	고	구	그	기	개	게	괴	귀
ㄴ	나	너	노	누	느	니	내	네	뇌	뉘
ㄷ	다	더	도	두	드	디	대	데	되	뒤
ㄹ	라	러	로	루	르	리	래	레	뢰	뤼
ㅁ	마	머	모	무	므	미	매	메	뫼	뮈
ㅂ	바	버	보	부	브	비	배	베	뵈	뷔
ㅅ	사	서	소	수	스	시	새	세	쇠	쉬
ㅇ	아	어	오	우	으	이	애	에	외	위
ㅈ	자	저	조	주	즈	지	재	제	죄	쥐
ㅊ	차	처	초	추	츠	치	채	체	최	취
ㅋ	카	커	코	쿠	크	키	캐	케	쾨	퀴
ㅌ	타	터	토	투	트	티	태	테	퇴	튀
ㅍ	파	퍼	포	푸	프	피	패	페	푀	퓌
ㅎ	하	허	호	후	흐	히	해	헤	회	휘
ㄲ	까	꺼	꼬	꾸	끄	끼	깨	께	꾀	뀌
ㄸ	따	떠	또	뚜	뜨	띠	때	떼	뙤	뛰
ㅃ	빠	뻐	뽀	뿌	쁘	삐	빼	뻬	뾔	쀠
ㅆ	싸	써	쏘	쑤	쓰	씨	쌔	쎄	쐬	쒸
ㅉ	짜	쩌	쪼	쭈	쯔	찌	째	쩨	쬐	쮜

3 받침 | Consonantes finales

Cuando una consonante está situada a final de sílaba, se le llama '받침'. (consonante final). Cualquier consonante puede ser consonante final, pero la pronunciación de una consonante final sólamente puede ser una de las siete correspondientes a 'ㄱ, ㄴ, ㄷ, ㄹ, ㅁ, ㅂ, ㅇ.'

글자	발음	예
ㄱ, ㄲ, ㅋ	k	국, 밖, 부엌
ㄴ	n	산
ㄷ, ㅅ, ㅆ, ㅈ, ㅊ, ㅌ, ㅎ	t	닫다, 옷, 갔다, 낮, 꽃, 밭, 히읗
ㄹ	l	달
ㅁ	m	몸
ㅂ, ㅍ	p	집, 잎
ㅇ	ng	방

4 한국어 글자의 구조 | Estructura de sílabas coreanas

1. V_1 구조 : 모음만으로 이루어진 글자 Sílabas compuestas sólo de vocales

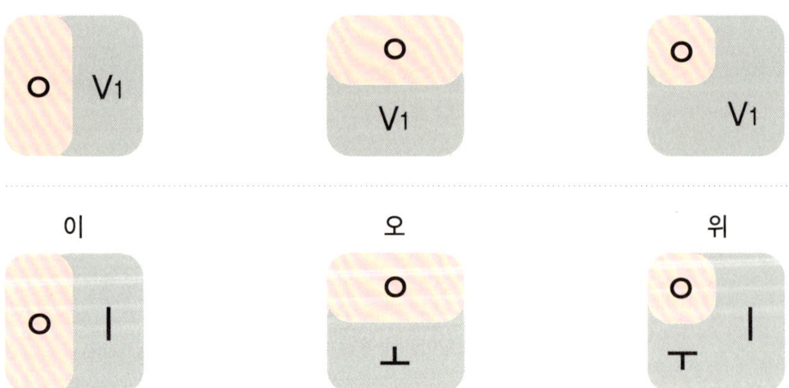

2. V_1C_1 구조

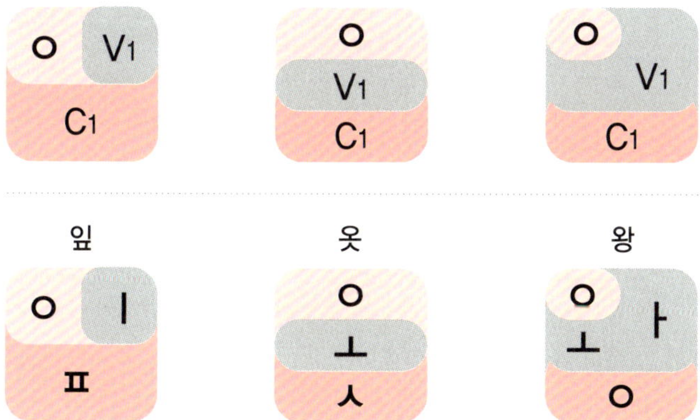

3. C_1V_1 구조

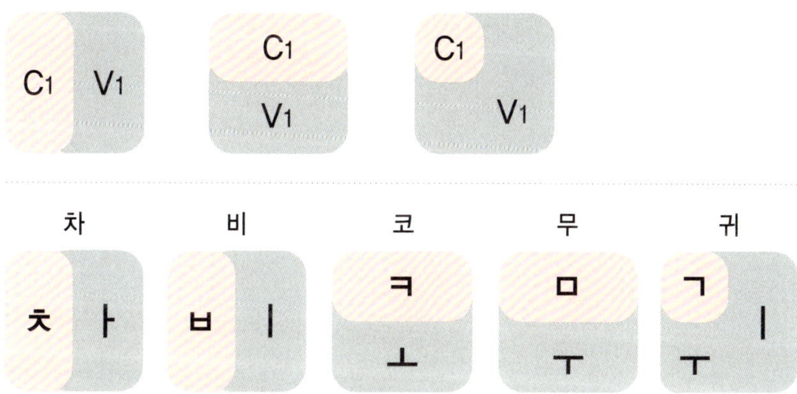

4. $C_1V_1C_2$ 구조

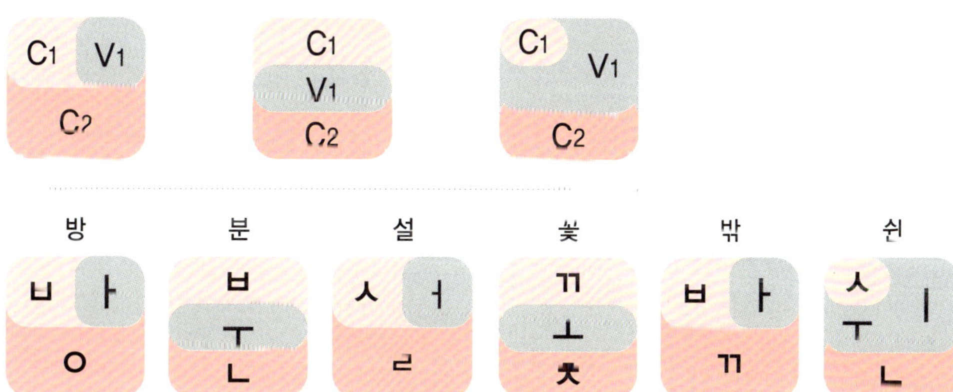

Presentaciones

제1과 소개하기

Diccionario Ilustrado 그림사전

명사	Nombres
국적	Nacionalidad
나라	País
남자	Hombre
번호	Número
사람	Persona
사진	Fotografía
선생님	Profesor
세계	Mundo
스페인	España
여권	Pasaporte
여자	Mujer
의사	Médico
이름	Nombre
지도	Mapa
직업	Profesión
책	Libro
친구	Amigo
학교	Escuela
학생	Estudiante, alumno
한국	Corea
회사원	Empresario

동사	Verbos
소개하다	Presentar(se)
인사하다	Saludar

기타	Otros
~이다	Ser

인사하다

소개하다

Mapamundi 세계지도

Pasaporte 여권

사진 Fotografía

국적
Nacionalidad

이름 Nombre

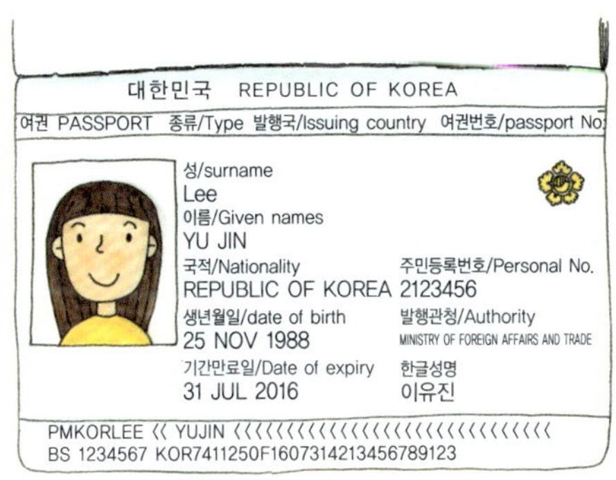

여권번호
Número de pasaporte

Profesión 직업

선생님
Profesor

학생
Estudiante

회사원
Empresario

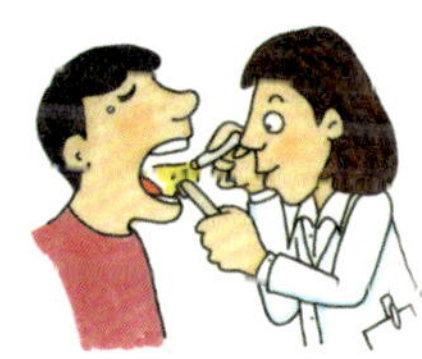

의사
Médico

Diálogo 대화

안녕하세요? 제 이름은 후안이에요. Hola, ¿qué tal? Mi nombre es Juan..

유진: 안녕하세요? 저는 유진이에요.

Hola, ¿qué tal? Yo soy Yujin.

이름이 뭐예요? ¿Cómo te llamas?

후안: 안녕하세요? 제 이름은 후안이에요.

Hola, ¿qué tal? Mi nombre es Juan.

유진: 후안 씨는 어디에서 왔어요?

Juan, ¿de dónde eres?

후안: 스페인에서 왔어요. Soy de España

유진: 지금 어디에 살아요? ¿Dónde estás viviendo ahora?

후안: 기숙사에 살아요. Estoy viviendo en la residencia.

유진: 만나서 반가워요. Encantada de conocerte.

후안: 저도 만나서 반가워요. Yo también, encantado de conocerte.

어휘 및 표현

저	yo	지금	ahora
이름	nombre	기숙사	residencia
뭐(=무엇)	qué	안녕하세요?	hola.
~씨	Sr. Sra	N에서 왔어요.	ser de N, venir de N
어디	dónde	N에 살아요.	vivir en N
스페인	España	만나서 반가워요.	encantado/a de conocerte

덤

한국의 인사법

세계 여러 나라에는 다양한 인사법이 있습니다. 한국에서는 사람을 만나면 보통 “안녕?”, “안녕하세요?” 라고 인사를 합니다. 친한 친구를 만났을 때는 손을 흔들면서 “안녕?”이라고 인사를 하면 되지만, 처음 만난 사람이나 웃어른에게는 고개를 숙이면서 “안녕하세요?”라고 인사해야 합니다. 그리고 설날이나 추석 같은 날에는 절을 하기도 합니다.

Gramática 문법

1. N이에요/예요

'–이에요/예요', junto con el nombre escrito delante, forman un nuevo verbo(ser N).
Si el nombre acaba en consonante (sílabas del tipo V1C1 o C1V1C2), se usa '–이에요', y si el nombre acaba en vocal (sílabas del tipo V1 o C1V1), se usa '–예요'

V_1C_1 또는 $C_1V_1C_2$	
약 사람	+ 이에요

V_1 또는 C_1V_1	
우유 남자	+ 예요

예

• 이것은

이것은 책이에요.
Esto es un libro.

• 후안 씨는

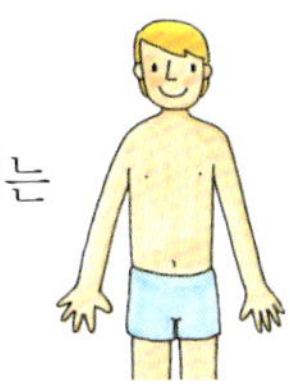

후안 씨는 남자예요.
Juan es un hombre.

2. N이/가 아니에요

'N이/가 아니에요' es la forma negativa de 'N이/가 아니에요'.
Si el nombre acaba en consonante (sílabas del tipo V1C1 o C1V1C2), se usa 'N이 아니에요', y si el nombre acaba en vocal (sílabas del tipo V1 o C1V1), se usa 'N가 아니에요'.

V_1C_1 또는 $C_1V_1C_2$	
학생 교실	+ 이 아니에요

V_1 또는 C_1V_1	
아이 친구	+ 가 아니에요

예

• 유진 씨는

유진 씨는 선생님이 아니에요.
Yujin no es profesora.

유진 씨는 학생이에요.
Yujin es estudiante.

• 여기는

여기는 학교가 아니에요.
Esto (aquí) no es una escuela.

여기는 은행이에요.
Esto(aquí) es un banco.

Gramática práctica 문법 연습 ❶

1. 문장을 완성하세요.

예 이것, 책 → 이것은 책이에요.

① 이것, 사진 → ____________________

② 이것, 지도 → ____________________

③ 이 사람, 회사원 → ____________________

④ 이 사람, 의사 → ____________________

2. 문장을 완성하세요.

예 여기, 학교 → 여기는 학교가 아니에요.

① 그것, 책상 → ____________________

② 그것, 의자 → ____________________

③ 그 사람, 학생 → ____________________

④ 그 사람, 친구 → ____________________

3. 대화를 완성하세요.

예

가. 유진 씨는 미국 사람이에요?

나. 아니요, 미국 사람이 아니에요.

한국 사람이에요.

① 가. 후안 씨는 의사예요?

나. 아니요, ____________________

____

② 가. 마이클 씨는 선생님이에요?

나. 아니요, ____________________

____

Vocabulario & Expresiones 어휘 & 표현 ❶

1. 【보기】에서 그림에 알맞은 단어를 찾아 쓰세요.

보기 여권, 지도, 책, 은행

① 

은행

② 

______

③ 

______

④ 

______

2. 【보기】에서 알맞은 표현을 골라 쓰세요.

보기 만나서 반가워요, 이름이 뭐예요?, 어디에 살아요?, 어디에서 왔어요?

유진 : 안녕하세요? 저는 유진이에요. ① ______

후안 : 안녕하세요? 제 이름은 후안이에요.

유진 : 후안 씨는 ② ______

후안 : 스페인에서 왔어요.

유진 : ③ ______

후안 : 기숙사에 살아요.

유진 : ④ ______

Objetos de todo tipo

제2과 여러 가지 사물

Diccionario Ilustrado 그림사전

명사	Nombres
공책	Libreta
교실	Clase / aula
교통카드	Tarjeta de transporte público
그것	Éso
눈	Ojo
다리	Pierna
돈	Dinero
머리	Cabeza
머리카락	Pelo
무릎	Rodilla
문	Puerta
방	Habitación
소지품	Objetos peronales
손	Mano
신체	Cuerpo
열쇠	Llave
은행카드	Tarjeta de crédito
이것	Ésto
입	Labios
저것	Aquéllo
전자사전	Diccionario electrónico
지갑	Cartera
창문	Ventana
책	Libro
책상	Pupitre
칠판	Pizarra
코	Nariz
팔	Brazo
팔꿈치	Codo
펜	Bolígrafo
학생증	Tarjeta de estudiante
화장품	Cosméticos
휴대폰	Teléfono móvil
휴지	Pañuelo, servilleta

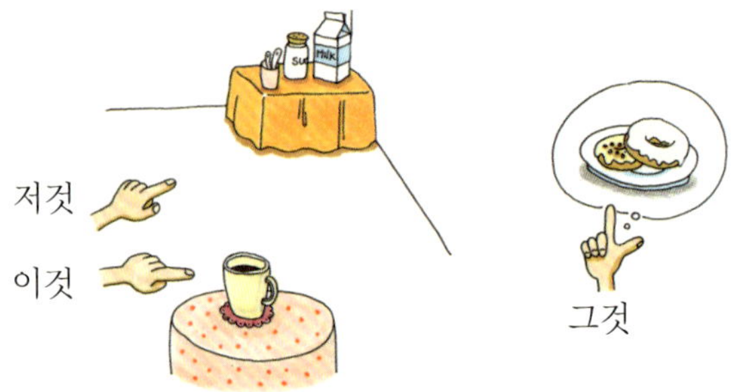

방

소지품

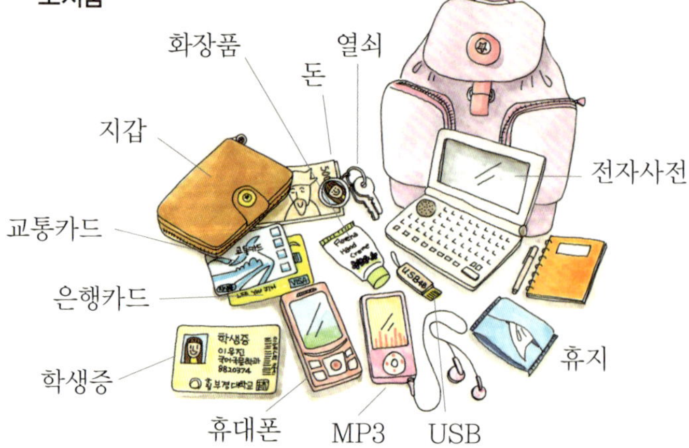

Clase 교실

Cuerpo 몸

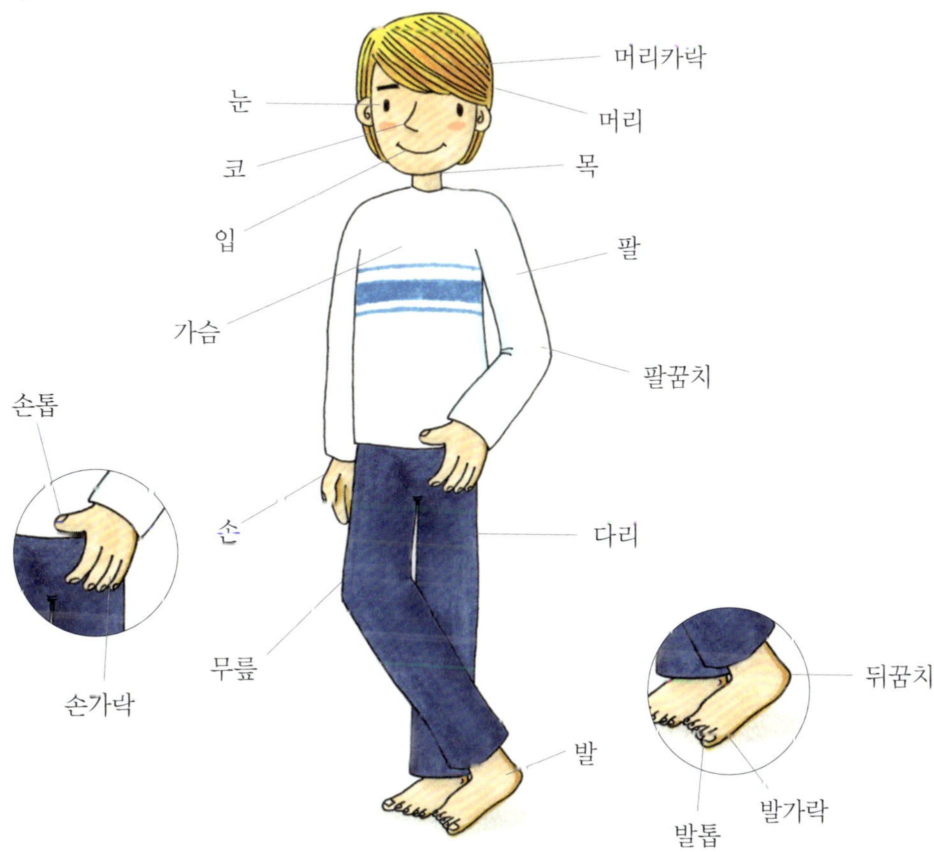

Diálogo 대화

이것이 뭐예요? ¿Qué es ésto?

유진: 이것이 뭐예요? ¿Qué es ésto?

후안: 이것은 한국어 책이에요.

Ésto es un libro de coreano.

유진: 한국어를 배워요?

¿Aprendes coreano?

후안: 네, 한국어를 배워요.

Sí, aprendo coreano.

유진: 어디에서 한국어를 공부해요?

¿Dónde estudias coreano?

후안: 부경대학교에서 한국어를 공부해요.

Estudio coreano en la Universidad Nacional de Pukyong.

어휘 및 표현

뭐(=무엇)	Qué	**에서**	En
한국어	Coreano	**공부하다**	Estudiar
네	Sí	**부경대학교**	Universidad Nacional de Pukyong
배우다	Aprender	**N에서 + V**	(Hacer) V en N (V no verbo de movimiento)
어디	Dónde		

덤

준말

한국어의 '무엇'은 '뭐'로 짧게 줄여 쓸 수 있습니다. '뭐'처럼 짧게 줄여 쓴 말을 '준말'이라고 합니다. 한국어에는 '뭐' 외에도 준말이 많이 있는데, '이것이'는 '이게', '저것이'는 '저게', '그것이'는 '그게' 등으로 줄여 쓸 수 있습니다.

	+이/가	+은/는	+을/를
이것	이것이 = 이게	이것은 = 이건	이것을 = 이걸
저것	저것이 = 저게	저것은 = 저건	저것을 = 저걸
그것	그것이 = 그게	그것은 = 그건	저것은 = 저건

Gramática 문법

1. N이/가

'–이/가' marca el nombre como sujeto de la oración.
Si el nombre acaba en consonante (sílabas del tipo V1C1 o C1V1C2), se usa '–이', y si el nombre acaba en vocal (sílabas del tipo V1 o C1V1), se usa '–가'.

V_1C_1 또는 $C_1V_1C_2$	
이것 선생님	+ 이

V_1 또는 C_1V_1	
여기 학교	+ 가

예

• 여기가 교실이에요.
Ésto(aquí) es un aula.

• 후안이 공부해요.
Juan estudia.

2. N은/는

Si el nombre acaba en consonante (sílabas del tipo V1C1 o C1V1C2), se usa '–은',
y si el nombre acaba en vocal (sílabas del tipo V1 o C1V1), se usa '–는'.

V_1C_1 또는 $C_1V_1C_2$	
교실 한국	+ 은

V_1 또는 C_1V_1	
아버지 친구	+ 는

1) '–은/는' (la partícula temática) se usa cuando hablamos sobre algo que anteriormente hemos mencionado una vez, o bien cuando ya sabemos que estamos hablando sobre éso.

예

• 옛날에 호세 씨가 살았어요. → 새로운 정보 Nuevo tema
Hace tiempo, allí vivía José.

• 호세 씨는 스페인 사람이었어요. → 알고 있는 정보 Tema que ya sabemos
José era español.

예

- 후안: 여기가 어디예요?
  ¿Dónde es ésto?

  유진: 여기는 우체국이에요.
  Ésto es una oficina de correos.

- 후안: 우체국이 어디예요?
  ¿Dónde está la oficina de correos?

  유진: 여기가 우체국이에요.
  Aquí está la oficina de correos.

2) Se usa también cuando comparamos o contrastamos dos personas o cosas.

예

- 저는 키가 커요. 하지만 제 동생은 키가 작아요.
  Yo soy alto. Pero mi hermano es bajo.
- 지금 한국은 여름이에요. 하지만 호주는 겨울이에요.
  Ahora es verano en Corea. Pero en Australia es invierno.
- 여름은 더워요. 하지만 겨울은 추워요.

3. N을/를

'–을/를' marca el nombre como el complemento directo del verbo.
Si el nombre acaba en consonante (sílabas del tipo V1C1 o C1V1C2), se usa '–을',
y si el nombre acaba en vocal (sílabas del tipo V1 o C1V1), se usa '–를'.

V_1C_1 또는 $C_1V_1C_2$	
밥 신문	+ 을

V_1 또는 C_1V_1	
커피 노래	+ 를

예

- 후안 씨가 밥을 먹어요. Juan come. Nota: en coreano cuando se expresa la acción de comer (먹어요), se escribe 밥을 먹어요 (comer arroz).
- 어머니가 커피를 마셔요. Mi madre bebe café.
- 아버지가 신문을 읽어요.
- 유진 씨가 노래를 불러요.

Diario 일기

2010년 9월 1일 수요일　　날씨: 맑음 ☼

오늘은 학교에 가요.

한국어 수업이 있어요.

한국어 선생님하고 친구들을 만나요.

한국어 선생님은 친절해요.

우리 반 친구들은 한국어 공부를 열심히 해요.

한국어 공부가 아주 재미있어요.

Gramática práctica 문법 연습 ❷

1. 【보기】에서 알맞은 것을 골라 쓰세요.

보기	이/가, 을/를, 은/는

① 저(는) 학생이에요.

② 아니요, 지도(　　) 아니에요.

③ 후안 씨는 한국어(　　) 공부해요.

④ 제 이름(　　) 유진이에요.

⑤ 어머니가 밥(　　) 먹어요.

2. 그림을 보고 '이것', ' 그것', '저것'을 넣어 대화를 완성하세요.

① 후안 : 이것이 책이에요?
유진 : 네, 책이에요.

② 후안 : ________ 컴퓨터예요?
유진 : 네, 컴퓨터예요.

③ 후안 : ________ 전자사전이에요?
유진 : 네, 전자사전이에요.

④ 후안 : ________ 화장품이에요?
유진 : 네, 화장품이에요.

Vocabulario & Expresiones 어휘 & 표현 ❷

1. 다음 그림을 보고 단어가 그림에 있으면 ○, 없으면 ×표 하세요.

① 돈 (O)　　② 책 (　　)　　⑤ 교통카드 (　　)　　⑥ 창문 (　　)

③ 휴대폰 (　　)　　④ 전자사전 (　　)　　⑦ 휴지 (　　)　　⑧ 문 (　　)

2. 다음 그림을 보고 신체 부분을 쓰세요.

① ____________________

② ____________________

③ ____________________

④ ____________________

⑤ ____________________

3. 【보기】에서 알맞은 단어를 골라 쓰세요.

보기	뭐, 어디

① 가 : ________에서 한국어를 공부해요?
　나 : 부경대학교에서 한국어를 공부해요.

② 가 : 이것이 ________예요?
　나 : 그것은 책이에요.

La vida escolar

제3과 학교생활

Diccionario Ilustrado 그림사전

명사	Nombres
공부	Estudio
공항	Aeropuerto
교실	Clase / aula
도서관	Biblioteca
백화점	Grandes almacenes
사무실	Despacho
성적	Notas
성적표	Lista de notas
수강신청	Matrícula de asignaturas
수업	Clase
숙제	Deberes
시험	Examen
식당	Restaurante
우체국	Oficina de correos
은행	Banco
집	Casa
학교	Escuela
학비	matrícula(precio)
학생증	Tarjeta de estudiante
회사	Empresa

동사	Verbos
가다	Ir
내다	Pagar
듣다	Escuchar
받다	Recibir
빌리다	Tomar prestado
입학하다	Matricularse
졸업하다	Graduarse
하다	Hacer

기타	Otros
~에서	en

표현	Expresiones
시험을 치다/보다	hacer un examen

학교에 가다

학비를 내다

수강신청(을) 하다

수업을 듣다

N(장소)에 가다

Ir a N(lugar)

장소	
집	은행
학교	우체국
교실	서점
사무실	백화점
회사	공항
식당	도서관

집에 가다
Ir a casa

은행에 가다
Ir al banco

교실에 가다
Ir a clase

식당에 가다
Ir al restaurante

질문하다

대답하다

공부하다

숙제하다

숙제를 내다

책을 빌리다

동아리에 들다

시험을 치다/보다

성적표를 받다

입학하다

졸업하다

학생증

Diálogo 대화

지금 어디에 가요? ¿A dónde vas ahora?

유진: 후안 씨, 오늘 수업이 있어요? Juan, ¿tienes clase hoy?

후안: 아니요. 수업이 없어요. No. No tengo clase.

유진: 그러면 지금 어디에 가요? Entonces, ¿a dónde vas ahora?

후안: 도서관에 가요. Voy a la biblioteca.

유진: 도서관에서 무엇을 해요?

¿Qué haces en la biblioteca?

후안: 도서관에서 숙제를 해요.

En la biblioteca hago los deberes.

유진 씨는 어디에 가요?

Yujin, ¿a dónde vas tú?

유진: 저는 영화관에 가요. 친구하고 약속이 있어요.

Yo voy al cine. He quedado con una amiga.

어휘 및 표현

오늘	Hoy	무엇	Qué
수업	Clase	약속	Cita / compromiso
있다	Haber / tener	N이/가 있어요	Tener N
없다	No haber / No tener	N이/가 없어요	No tener N
그러면	Entonces	N에서 + V	(Hacer) V en N
가다	Ir	N하고	Con N

덤

영화표 예매 사이트

영화관에 가기 전에 미리 인터넷으로 영화표를 예매하면 편리합니다. 다음은 영화표를 예매할 수 있는 영화관 홈페이지입니다. 아래의 사이트에서 최신 개봉작과 영화 상영시간표를 확인하고, 영화표도 예매해 보세요.

http://www.cgv.co.kr CGV
http://www.cinus.co.kr 씨너스
http://www.primuscinema.com 프리머스 시네마
http://www.megabox.co.kr 메가박스
http://www.lottecinema.co.kr 롯데시네마

Gramática 문법

1. V · A아요/어요/여요

Escribimos '–아요/어요/여요' detrás de la raíz de verbos y adjetivos para formar oraciones enunciativas. Si en la raíz del verbo o el adjetivo están las vocales 'ㅏ, ㅗ' usamos '–아요'.
En los demás casos usamos '–어요'. Con el verbo '하다' usamos '–여요'.

ㅗ, ㅏ	가다 Ir	가/+ 아요	→	가요
	오다 Venir	오/+ 아요	→	와요
	앉다 Sentarse	앉/+ 아요	→	앉아요
ㅗ, ㅏ 제외한 모음 (ㅜ, ㅓ, ㅡ, ㅣ…)	먹다 Comer	먹/ + 어요	→	먹어요
	웃다 Reír	웃/ + 어요	→	웃어요
	배우다 Aprender	배우/ + 어요	→	배워요
	마시다 Beber	마시/ + 어요	→	마셔요
'하다' 동사	공부하다 Estudiar	공부하/ + 여요	→	공부해요
	사랑하다 Amar	사랑하/ + 여요	→	사랑해요
	좋아하다 Gustar	좋아하/ + 여요	→	좋아해요

[참고]
En coreano existen terminaciones verbales formales e informales. En este libro están las formas informales que principalmente más se usan.
Al escribir formalmente se usa principalmente la forma '–습니다/ㅂ니다'.

Si la raíz del verbo o adjetivo termina en consonante (sílabas del tipo V1C1 o C1V1C2), se usa '–습니다', y si termina en vocal (sílabas del tipo V1 o C1V1), se usa '–ㅂ니다'.

V1C1 또는 C1V1C2	먹다 Comer	먹/ + 습니다	→	먹습니다
	없다 No haber	없/ + 습니다	→	없습니다
V1 또는 C1V1	오다 Venir	오/ + ㅂ니다	→	옵니다
	크다 Ser grande	크/ + ㅂ니다	→	큽니다

2. V · A아요/어요/여요?

Para la oración interrogativa, escribimos el signo de interrogación (?) después de '–아요/어요/여요.' y subimos un poco la entonación al hablar.

동사 Verbo	평서문 Oración enunciativa	의문문 Oración interrogativa
가다	가요.	가요?
먹다	먹어요.	먹어요?
좋아하다	좋아해요.	좋아해요?

3. 안 V · A아요/어요/여요

La forma negativa de '–아요/어요/여요'. es '안 V·A어요/아요/여요'
Para negar el verbo 'N 하다', escribimos 'N 안 해요'.

동사 Verbo	긍정문 Oración afirmativa	부정문 Oración negativa
가다	가요	안 가요
먹다	먹어요	안 먹어요
좋아하다	좋아해요	안 좋아해요
※공부하다	공부해요	공부 안 해요
※운동하다	운동해요	운동 안 해요

예

• 밥을 먹어요?
¿Comes?

네. 밥을 먹어요.
Sí. Como.

아니요. 밥을 안 먹어요.
No. No como.

• 한국 친구가 있어요?
¿Tienes algún amigo coreano?

네. 있어요.
Sí, tengo.

아니요. 없어요.
No, no tengo.

• 운동해요?
¿Haces ejercicio?

네. 운동해요.
Sí, hago ejercicio.

아니요. 운동 안 해요.
No, no hago ejercicio.

Diario 일기

2010년 9월 10일 금요일 날씨: 흐림

오늘은 숙제가 많아요.

그래서 저는 도서관에 가요.

도서관에서 숙제를 해요.

저녁에 유진 씨하고 약속이 있어요.

유진 씨는 제 한국 친구예요.

우리는 영화관에서 만나요.

같이 영화를 봐요.

영화가 정말 재미있어요.

	맑음	흐림	비	눈
날 씨				

Gramática práctica 문법 연습 ❸

1. 다음을 바꿔 쓰세요.

① 은행에 가다 ⇨ 은행에 가요.
② 수강 신청을 하다 ⇨ ____________
③ 도서관에 오다 ⇨ ____________
④ 저는 학생이다 ⇨ ____________
⑤ 이것은 책이 아니다 ⇨ ____________

2. 다음 그림을 보고 대화를 완성하세요.

① 가 : 후안 씨가 은행에 가요?
나 : 아니요, 은행에 안 가요.
학교에 가요.

② 가 : 후안 씨가 공부해요?
나 : 아니요, ____________
____

③ 가 : 유진 씨가 입학해요?
나 : 아니요, ____________
____

④ 가 : 후안 씨가 숙제를 내요?
나 : 아니요, ____________
____

Vocabulario & Expresiones 어휘 & 표현 ❸

1. 관계있는 단어를 연결하세요.

① 입학을	㉠ 내다
② 학비를	㉡ 보다
③ 시험을	㉢ 들다
④ 동아리에	㉣ 하다

2. 다음 그림을 보고 빈 칸을 채우세요.

①

[집]

②

[☐ 교]

③

[☐ 무 ☐]

④

[☐ 당]

⑤

[☐ 행]

⑥

[교 ☐]

Los números

제4과 숫자 말하기

Diccionario Ilustrado 그림사전

명사	Nombers
~개	-cosa (contador)
고유어	Lengua nativa
날짜	Tiempo
냉장고	Nevera
년	Año
달	Mes
돈	Dinero
동물	Animal
~마리	-animal (contador)
~명	-persona (contador)
몸무게	Peso
방	Habitación
~병	-botellas (contador)
~분	-persona (contador honorífico)
사과	manzana
숫자	número
~시	-hora
시간	-horas (tiempo)
~원	-won (contador)
~월	Mes
음료수	Bebidas
자동차	Coche
~일	Día
~잔	-vaso (contador)
종이	Hoja de papel
~층	Piso
컴퓨터	Ordenador
키	Altura
표	Billete
한자어	Palabra escrita en carácteres chinos

돈

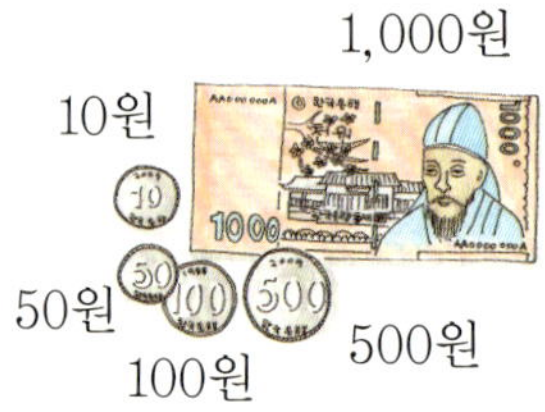

층

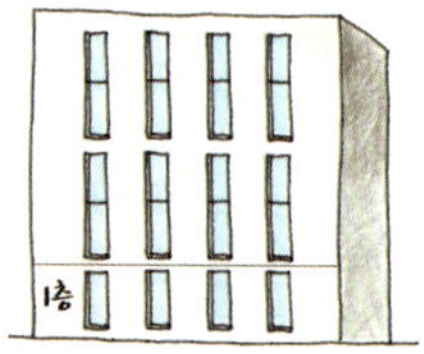

1층

방

406호

키 / 몸무게

180cm, 70kg

날짜

10월 9일

시간

2시 15분

달이름

1월	2월	3월	4월	5월	6월
일월	이월	삼월	사월	오월	유월
7월	8월	9월	10월	11월	12월
칠월	팔월	구월	시월	십일월	십이월

Númeración china 한자어 숫자

1	2	3	4	5	6	7	8	9
일	이	삼	사	오	육	칠	팔	구
10	20	30	40	50	60	70	80	90
십	이십	삼십	사십	오십	육십	칠십	팔십	구십

100	1,000	10,000	100,000	1,000,000	10,000,000	100,000,000
백	천	만	십만	백만	천만	억

Numeración coreana 고유어 숫자

1	2	3	4	5	6	7	8	9
하나	둘	셋	넷	다섯	여섯	일곱	여덟	아홉
10	20	30	40	50	60	70	80	90
열	스물	서른	마흔	쉰	예순	일흔	여든	아흔

※ Los números '하나, 둘, 셋, 넷' cambian a la forma '하나, 둘, 셋, 넷' cuando se escriben junto con un nombre.

사람 Personas

사람 / 명　　분

동물 Animales

마리

물건(사과, 의자…)
Cosas

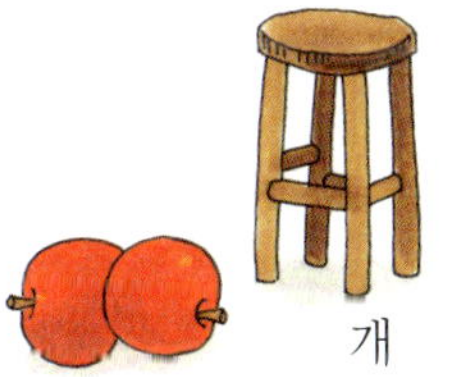

개

종이, 표, CD…
Hojas, papeles, tickets, CD's..

장

자동차, 냉장고, 컴퓨터…
Coches, neveras, ordenadores..

대

음료수 Bebidas

병　　잔

Diálogo 대화

생일이 몇 월 며칠이에요? ¿Qué día (y qué mes) es tu cumpleaños?

유진: 후안 씨, 후안 씨 생일이 몇 월 며칠이에요?

Juan, ¿qué día es tu cumpleaños?

후안: 제 생일은 9월 10일이에요. Mi cumpleaños es el 10 de septiembre.

유진 씨 생일은 언제예요? Yujin, ¿cuándo es tu cumpleaños?

유진: 제 생일은 다음 주 월요일이에요.

Mi cumpleaños es el lunes de la semana que viene.

후안: 생일에 무엇을 해요?

¿Qué haces para tu cumpleaños?

유진: 생일에 친구를 초대해요.

Para mi cumpleaños invito a unos amigos.

친구하고 파티를 해요.

Haré una fiesta.

어휘 및 표현

생일	Cumpleaños	주	Semana
몇	Cuántos	월요일	Lunes
월	Mes	초대하다	Invitar
며칠	Qué día	파티	Fiesta
언제	Cuándo	N하고 + V	Hacer V con N
다음	Siguiente		

덤

생일 축하 노래

한국에서는 생일 아침에 미역국을 먹습니다.
그리고 생일 파티를 할 때는 생일 축하 노래를 부르고 케이크를 먹습니다.
한국어로 생일 축하 노래를 같이 불러 볼까요?

생일 축하합니다. 생일 축하합니다. 사랑하는 OO의 생일 축하합니다. ♫

Gramática 문법

1. 한자어 숫자 | La numeración china

La numeración china se usa al escribir fechas, minutos, pisos de edificios, número de despachos o clases, kg o cm.

1 일	월
2 이	일
3 삼	원
4 사	분
5 오	층
6 육	호
7 칠	kg
…	cm

예
- 오늘은 11월 2일이에요. 십일 월 이 일
- 이 가방은 5만 원이에요. 오만 원
- 식당이 3층에 있어요. 삼 층

2. 고유어 숫자 | La numeración coreana

La numeración coreana se usa al contar personas, animales o muchos otros tipos de cosas, así como también la edad y la hora.

1 한	사람 / 명
2 두	분
3 세	마리
4 네	개
5 다섯	장
6 여섯	대
7 일곱	병
…	잔
	시

예
- 우리 반에 학생이 7명 있어요. 일곱 명
- 교실에 책상이 8개 있어요. 여덟 개
- 지금 12시예요. 열두 시

Gramática práctica 문법 연습 ❹

1. 다음 【보기】에서 알맞은 단어를 골라 쓰세요.

보기	명, 장, 개, 마리, 대, 잔, 병

① 친구를 두 명 만나요.

② 콜라가 ______ 있어요.

③ 커피를 ______ 마셔요.

④ 사과를 ______ 먹어요.

⑤ 개가 ______ 있어요.

⑥ 컴퓨터가 ______ 있어요.

2. 다음 문장에서 밑줄 친 숫자를 한글로 쓰세요.

① 교실은 1층에 있어요. ⇨ 일
② 오늘은 10월 27일이에요. ⇨
③ 저는 키가 180cm예요. ⇨
④ 저는 몸무게가 70kg이에요. ⇨

3. 다음 문장에서 밑줄 친 숫자를 한글로 쓰세요.

① 한국 친구가 10명 있어요. ⇨ 열
② 교실에 책상이 30개 있어요. ⇨
③ CD 15장을 받아요. ⇨
④ 커피가 6잔 있어요. ⇨

Vocabulario & Expresiones 어휘 & 표현 ❹

1. 다음 달력을 보고 날짜를 한글로 쓰세요.

① 이천년 일월 일일이에요.　　② ____________________

③ ____________________　　④ ____________________

2. 다음 (　　)에 알맞은 숫자를 쓰세요.

① 오월 – (　　) – 칠월 – 팔월 – (　　) – (　　) – 십일월

② 하나 – (　　) – (　　) – 넷 – 다섯 – (　　) – 일곱 – (　　)

3. 【보기】에서 알맞은 표현을 골라 쓰세요.

보기	몇 월 며칠이에요?, 언제예요?, 무엇을 해요?

① 유진 : 후안 씨, 생일이 ____________________?
　후안 : 제 생일은 12월 14일이에요.

② 후안 : 유진 씨 생일은 ____________________?
　유진 : 제 생일은 다음 주 월요일이에요.

③ 후안 : 생일에 ____________________?
　유진 : 생일에 친구를 초대해요. 친구하고 파티를 해요.

La rutina del día

제5과 하루 일과

Diccionario Ilustrado 그림사전

명사	Nombres
낮	Día
도서관	Biblioteca
밤	Noche
새벽	Madrugada
샤워	Ducha
세수	Limpieza
수업	Clase
아침	Mañana
아침(밥)	Desayuno
오전	Mañana(AM)
오후	Tarde(PM)
운동	Ejercicio / deporte
이	Dientes
인터넷	Internet
잠	Sueño
저녁	Tarde-noche
저녁(밥)	Cena
점심	Mediodía
점심(밥)	Comida
친구	Amigo
컴퓨터	Ordenador
텔레비전	Televisión
학교	Escuela

동사	Verbos
끝나다	Acabar
닦다	Limpiar / cepillar
돌아가다	Volver
먹다	Comer
보다	Ver
시작하다	Empezar
일어나다	Levantarse
자다	Dormir

일어나다

세수를 하다

이를 닦다

샤워를 하다

아침/점심/저녁을 먹다

수업이 시작하다/끝나다

친구를 만나다

텔레비전을 보다

운동을 하다

인터넷을 하다

잠을 자다

Horas 시간 말하기

1	한	시	1	한	분
2	두		2	두	
3	세		3	세	
4	네		4	네	
5	다섯		5	다섯	
6	여섯				
7	일곱		30	삼십	
8	여덟				
9	아홉		56	오십육	
10	열		57	오십칠	
11	열한		58	오십팔	
12	열두		59	오십구	

1:00 한 시
2:15 두 시 십오 분
3:27 세 시 이십칠 분
6:30 여섯 시 삼십 분 (=여섯 시 반)
8:41 여덟 시 사십일 분
9:30 아홉 시 삼십 분
11:59 열한 시 오십구 분
12:00 열두 시

낮  밤

Diálogo 대화

후안 씨의 하루 Un día de Juan.

저는 어제 아침 7시에 일어났어요. Hoy me he levantado a las 7 de la mañana.

7시에 샤워를 했어요. 그리고 8시에 아침을 먹었어요.

Me he duchado a las 7. Y he desayunado a las 8.

9시에 학교에 갔어요. A las 9 he ido a la escuela.

10시부터 12시까지 한국어 수업이 있었어요.

Desde las 10 hasta las 12 he tenido clase de coreano.

12시에 식당에서 점심을 먹었어요.

A las 12 he comido en el restaurante.

낮에 도서관에 갔어요. 도서관에서 책을 읽었어요.

Por la tarde he ido a la biblioteca.

En la biblioteca he leído un libro.

5시에 집에 왔어요. A las 5 he venido a casa.

집에서 저녁을 먹었어요.He cenado en casa.

밤에 인터넷을 했어요.

Por la noche me he conectado

a internet.

숙제도 했어요.

También he hecho los deberes.

11시에 잠을 잤어요.

A las 11 me he ido a dormir.

어휘 및 표현

보통	Normalmente	읽다	Leer
한국어	Coreano	N(시간)에	A las N (horas)
그리고	Y	N1부터 N2까지	Desde N1 hasta N2
수업	Clase	N도	También N
책	Libro		

Gramática 문법

1. V · A았어요/었어요/였어요

Escribimos '–았어요/었어요/였어요' detrás de la raíz de verbos y adjetivos para formar oraciones en pasado.
Si en la raíz del verbo o el adjetivo están las vocales 'ㅏ, ㅗ' usamos '–았어요'.
En los demás casos usamos '–었어요'. Con el verbo '하다' usamos '–였어요'.

ㅗ, ㅏ	가다 Ir	가/+ 았어요	→	갔어요
	오다 Venir	오/+ 았어요	→	왔어요
	앉다 Sentarse	앉/+ 았어요	→	앉았어요
ㅗ, ㅏ 제외한 모음 (ㅜ, ㅓ, ㅡ, ㅣ…)	먹다 Comer	먹/ + 었어요	→	먹었어요
	웃다 Reír	웃/ + 었어요	→	웃었어요
	배우다 Aprender	배우/ + 었어요	→	배웠어요
	마시다 Beber	마시/ + 었어요	→	마셨어요
'하다' 동사	공부하다 Estudiar	공부하/ + 였어요	→	공부했어요
	사랑하다 Amar	사랑하/ + 였어요	→	사랑했어요
	좋아하다 Gustar	좋아하/ + 였어요	→	좋아했어요

예

현재 Presente	과거 Pasada
오늘 비가 와요. Hoy llueve.	어제 비가 왔어요. Ayer llovió.
저는 학교에 가요. Yo voy a la escuela.	저는 학교에 갔어요. Yo he ido a la escuela.
후안 씨는 지금 밥을 먹어요. Juan ahora está comiendo.	후안 씨는 아까 밥을 먹었어요. Juan ha comido hace un rato.
영화가 재미있어요. La película es divertida.	영화가 재미있었어요. La película fue divertida.
지금 숙제를 해요. Ahora hago los deberes.	어제 밤에 숙제를 했어요. Ayer por la noche hice los deberes.

Gramática práctica 문법 연습 ⑤

1. 다음을 바꿔 쓰세요.

① 와요 ⇨ 왔어요.
② 공부해요 ⇨
③ 마셔요 ⇨
④ 배워요 ⇨
⑤ 먹어요 ⇨
⑥ 웃어요 ⇨

2. 그림을 보고 질문에 대답하세요.

① 가 : 어제 아침에 무엇을 했어요?
나 : 운동했어요.

② 가 : 어제 낮에 무엇을 했어요?
나 :

③ 가 : 어제 밤에 무엇을 했어요?
나 :

Vocabulario & Expresiones 어휘 & 표현 ❺

1. 사람들이 무엇을 해요? 【보기】에서 알맞은 단어를 골라 쓰세요.

보기	• 인터넷을 하다	• 운동을 하다	• 이를 닦다
	• 친구를 만나다	• 샤워를 하다	• 세수를 하다

① 운동을 하다.

②

③

④

⑤

⑥

2. 다음 그림을 보고 문장을 완성하세요.

① 9시부터 12시까지 수업을 들었어요.

② ____________________

③ ____________________

Los medios de tranporte

제6과 교통수단 이용하기

Diccionario Ilustrado 그림사전

명사	Nombres
교통카드	Tarjeta de transporte
노선도	Mapa de rutas
단말기	Terminal
버스	Autobús
버스정류장	Parada de autobús
벨	Timbre / campana
손잡이	Correa / manilla
요금	Precio
자리	Sitio / asiento
줄	Fila / línea
지하철	Metro
출구	Salida
택시비	Taxi
표	Billete / ticket

동사	Verbos
갈아타다	Hacer trasbordo
기다리다	Esperar
나오다	Salir
내다	Pagar
내리다	Bajarse
넣다	Poner
누르다	Tocar el timbre
대다	Llegar a tiempo
서다	Estar de pie
세우다	Parar
앉다	Sentarse
잡다	Tomar / coger atrapar / alcanzar
타다	Montar (coger medio de transporte)

표현	Expresiones
줄을 서다	Estar en la fila

버스를 기다리다

버스를 타다

버스 요금을 내다

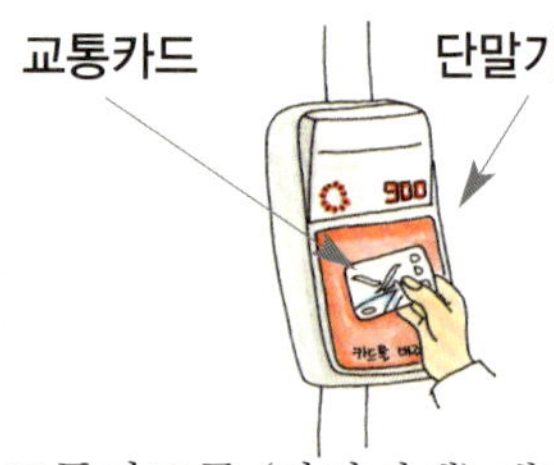

교통카드를 (단말기에) 대다

손잡이를 잡다

자리에 앉다

벨을 누르다

버스에서 내리다

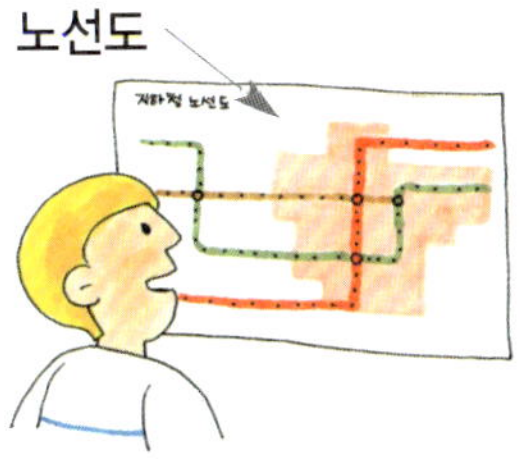

지하철 노선도를 보다

지하철 표를 넣다

줄을 서다

지하철을 타다

2호선으로 갈아타다

8번 출구로 나오다

택시를 잡다

택시를 타다

택시비를 내다

Expresiones útiles al coger un taxi

Para decirle tu destino al conductor del taxi usas la expresión "(장소)에 가 주세요." (장소 = lugar).

- 부경대학교에 가 주세요.
  Llévame a la Universidad Nacional de Pukyong, por favor.
- 저기에 세워 주세요.
  Pare allí, por favor.

Diálogo 대화

부산역에 어떻게 가요? ¿Cómo se va a la estación de Busan?

후안: 부산역에 어떻게 가요? ¿Cómo se va a la estación de Busan?

학생: 버스나 지하철을 타세요. Toma el metro o el autobús. tanah.

후안: 버스 정류장은 어디에 있어요?

¿Dónde está la parada de autobús?

학생: 부경대학교 정문 앞에 있어요.

Está delante de la puerta principal

de la Universidadukyong.

거기에서 27번 버스를 타세요.

Ahí toma el autobús número 27.

후안: 시간이 얼마나 걸려요? ¿Cúanto tarda?

학생: 25분쯤 걸려요. Tarda unos 25 minutos más o menos.

어휘 및 표현

부산역	Estación de Busan	걸리다	Tardar
어떻게	Cómo	쯤	Más o menos, alrededor de
정문	Puerta principal	N에 어떻게 가요?	¿Cómo se va a N?
거기	Ahí	N1(이)나 N2	N1 o N2
~번 버스	Autobús número~	시간이 얼마나 걸려요?	¿Cúanto tarda?
얼마나	Cuánto		

덤

대중교통 안내 사이트

요즘은 버스, 지하철 등 대중교통 정보를 제공하는 사이트가 많이 있습니다.
외출하기 전에 버스, 지하철 노선과 요금, 운행 정보를 꼭 확인해 봅시다.

http://traffic.map.naver.com/ 전국 지하철, 버스 운행 정보
http://www.websubway.co.kr/subway/default.asp?city=pusan 부산 지하철 노선도
http://bus.busan.go.kr/ 부산 버스 노선 안내

Gramática 문법

1. V(으)세요

Escribimos '–(으)세요' detrás del verbo para formar una petición o una oración imperativa.
Si la raíz del verbo termina en consonante (sílabas del tipo V1C1 o C1V1C2), se usa '으세요'
y si termina en vocal (sílabas del tipo V1 o C1V1), se usa '–세요'.

V_1C_1 또는 $C_1V_1C_2$	앉다 Sentarse	앉/ + 으세요	→	앉으세요 Siéntate
	읽다 Leer	읽/ + 으세요	→	읽으세요 Lee
V_1 또는 C_1V_1	가다 Ir	가/ + 세요	→	가세요 Vete
	쓰다 Escribir	쓰/ + 세요	→	쓰세요 Escribe

La forma de los siguientes dos verbos cambia.

먹다	먹/ + 으세요	→	먹으세요(X)	드세요(○)
자다	자/ + 세요	→	자세요(X)	주무세요(○)

예

• 여기에 앉으세요.
Siéntate aquí.

• 안녕히 가세요.
Que te vaya bien.

• 맛있게 드세요.
Que aproveche. (Come bien).

2. V지 마세요

La forma negativa de '(으)세요' es '–지 마세요'. Se usa cuando queremos decir algo que la otra persona no debe hacer (forma imperativa negativa).

예

• 먹지 마세요.
No comas.

• 이야기하지 마세요.
No hables.

• 담배를 피우지 마세요
No fumes.

Gramática práctica 문법 연습 ❻

1. 다음을 바꿔 쓰세요.

① 오다 ⇨ 오세요.
② 기다리다 ⇨
③ 타다 ⇨
④ 앉다 ⇨
⑤ 잡다 ⇨

2. 다음을 바꿔 쓰세요.

① 오다 ⇨ 오지 마세요.
② 기다리다 ⇨
③ 타다 ⇨
④ 앉다 ⇨
⑤ 잡다 ⇨

3. 선생님이 어떻게 말해요? 쓰세요.

① 듣고 따라하다 ⇨ 듣고 따라하세요.
② 읽다 ⇨
③ 쓰다(×) ⇨ 쓰지 마세요.
④ 영어로 말하다(×) ⇨
⑤ 책을 보다(×) ⇨

Vocabulario & Expresiones 어휘 & 표현 ❻

1. 다음 그림을 보고 빈칸을 채우세요.

① 버스를 기다리다.

② 줄_ _다.

③ 버스_ _다.

④ 버스_ _ _ _다.

⑤ 벨_ _ _다.

Llamadas telefónicas y citas

제7과 전화하기 • 약속하기

Diccionario Ilustrado 그림사전

명사	Nombres
전화(기)	Llamada telefónica
휴대폰	Teléfono
통화 중	Conversación por teléfono.
전화번호	Número de teléfono
표	Billete / bono ticket

동사	Verbos
끊다	Colgar / cortar
바꿔 주다	Cambiar (al teléfono)
받다	Descolgar / recibir
울리다	Sonar (el timbre)
정하다	Decidir determinar
취소하다	Cancelar
확인하다	Aceptar comprobar

부사	Adverbios
잘못	Mal / erróneamente

표현 Expresiones

전화를 걸다
Llamar por teléfono
전화를 끊다
Colgar el teléfono

전화번호를 누르다

전화를 걸다

전화가 울리다

전화를 받다

통화중이다

전화를 잘못 걸다

전화를 바꿔 주다

전화를 끊다

약속 시간을 정하다

약속 장소를 정하다

약속을 취소하다

영화시간을 확인하다

영화표를 사다

영화를 보다

Expresiones Telefónicas 전화표현

여보세요.	¿Diga?
거기 ~ (이)지요?	¿Es ahí ~? ¿Es usted ~?
저데요.	Soy yo.
~씨 좀 바꿔 주세요.	Paseme al sr / a ~, por favor
~씨 전화 왔어요.	Han llamado al sr / a ~.
~씨 전화 받으세요.	sr/a ~, conteste al teléfono.
지금 안 계세요.	En este momento no se encuentra aquí.
잠깐만 기다리세요.	Espere un momento, por favor.
다시 전화할게요.	Volveré a llamar.
안녕히 계세요. (전화 끊을 때)	Hasta luego, adiós. (Al colgar el teléfono).

Diálogo 대화

같이 영화를 볼까요? ¿Vamos a ver una película juntos?

후안: 여보세요? ¿Diga?
유진: 여보세요? ¿Sí, diga?
후안: 유진 씨, 저 후안이에요. Yujin, soy Juan.
유진: 아, 후안 씨, 무슨 일이에요? Ah, Juan. ¿Qué pasa?
후안: 유진 씨, 내일 시간 있어요? Yujin, ¿puedes quedar mañana?
유진: 네, 시간 있어요. Sí, tengo tiempo.
후안: 그러면 우리 같이 영화를 볼까요?
Entonces, ¿vamos a ver una película juntos?
유진: 좋아요. 같이 영화를 봅시다.
Vale. Vayamos a ver una película.
몇 시에 만날까요?
¿A qué hora quedamos?
후안: 2시 어때요? ¿Qué tal a las 2?
유진: 네. 좋아요.
그러면 내일 2시에 학교 앞 영화관에서 만납시다.
Sí, vale. Entonces mañana a las 2 nos vemos en el cine delante de la escuela.
후안: 네. 유진 씨, 내일 봐요. De acuerdo, Yujin. Nos vemos mañana.

어휘 및 표현

내일	Mañana	몇 시	A qué hora
시간	Tiempo. (tiempo libre)	N 어때요?	¿Qué tal N?
우리	Nosotros	무슨 일이에요?	¿Qué ocurre? / ¿Qué pasa?
같이	Juntos		

덤

영화관 이용 예절

영화관에서 영화를 볼 때도 지켜야 할 예절이 있습니다. 영화관 이용 예절을 함께 알아볼까요?

첫째, 핸드폰은 진동으로 바꾸거나 전원을 끄세요.
둘째, 사진을 찍지 마세요.
셋째, 앞사람의 자리를 발로 차지 마세요.
넷째, 쓰레기는 쓰레기통에 버리세요.

Gramática 문법

1. V(으)ㄹ까요?

Escribimos –(으)ㄹ까요?' detrás del verbo para preguntar sobre una proposición o idea para llevar a cabo juntos a otra persona.
Si la raíz del verbo termina en consonante (sílabas del tipo V1C1 o C1V1C2), se usa '–을까요?', y si termina en vocal (sílabas del tipo V1 o C1V1), se usa '–ㄹ까요?'.

V_1C_1 또는 $C_1V_1C_2$	먹다 Comer	먹/ + 을까요?	→	먹을까요? ¿Comemos?
	앉다 Sentarse	앉/ + 을까요?	→	앉을까요? ¿Nos sentamos?
	찾다	찾/ +을까요?	→	찾을까요?
V_1 또는 C_1V_1	보다 Ver	보/ + ㄹ까요?	→	볼까요? ¿Vemos?
	만나다 Quedar	만나/ +ㄹ까요?	→	만날까요? ¿Quedamos?
	기다리다	기다리/ +ㄹ까요?	→	기다릴까요?

2. V(으)ㅂ시다.

Escribimos '–(으)ㅂ시다' detrás del verbo para proponer o incitar a llevar a cabo una acción juntos a otra persona. En castellano es la forma imperativa de la primera persona del plural.
Si la raíz del verbo termina en consonante (sílabas del tipo V1C1 o C1V1C2), se usa '–읍시다' y si termina en vocal (sílabas del tipo V1 o C1V1), se usa '–ㅂ시다'.

V_1C_1 또는 $C_1V_1C_2$	읽다 Leer	읽/ + 읍시다	→	읽읍시다
	받다 Recibir	받/ + 읍시다	→	받읍시다
	잡다	잡/ +읍시다	→	잡읍시다
V_1 또는 C_1V_1	타다 Montar	타/ + ㅂ시다	→	탑시다
	배우다 Aprender	배우/+ ㅂ시다	→	배웁시다
	마시다	마시/ +ㅂ시다	→	마십시다

예

- 유진: 우리 버스를 탈까요?
  ¿Tomamos el autobus?
  후안: 좋아요. 버스를 탑시다.
  Vale, tomemos el autobús.
- 후안: 내일 같이 해운대에 갈까요?
  ¿Vamos mañana a Haeundae?
  유진: 미안해요.
  Lo siento.
  내일은 시간이 없어요.
  Mañana no tengo tiempo.
  다음에 갑시다.
  Vayamos otro día
- 유진: 점심을 같이 먹읍시다.
  후안: 네, 좋아요.
- 후안: 오늘 3시에 만납시다.
  유진: 3시에는 수업이 있어요.
  4시 어때요?

Gramática práctica 문법 연습 ❼

1. 다음을 바꿔 쓰세요.

① 가요 ⇨ 갈까요?
② 만나요 ⇨
③ 먹어요 ⇨
④ 봐요 ⇨
⑤ 읽어요 ⇨

2. 다음을 바꿔 쓰세요.

① 가요 ⇨ 갑시다.
② 만나요 ⇨
③ 먹어요 ⇨
④ 봐요 ⇨
⑤ 읽어요 ⇨

3. 다음 그림을 보고 대화를 완성하세요.

① 가 : 배가 고파요.
나 : 식당에 갈까요 ?
가 : 네. 식당에 갑시다.

② 가 : 내일 시험이 있어요.
나 : ____________?
가 : 네, 도서관에서 공부합시다.

③ 가 : 피곤해요.
나 : ____________?
가 : 네, 의자에 앉읍시다.

Vocabulario & Expresiones 어휘 & 표현 ❼

1. 다음은 전화 대화입니다. 【보기】에서 알맞은 문장을 골라 보세요.

보기	
	① 거기 후안 씨 집이지요?
	② 다시 전화할게요.
	③ 후안 씨 좀 바꿔 주세요.

가 : 여보세요, ____________________

나 : 네, 맞아요.

가 : ____________________________

나 : 지금 안 계세요.

가 : 그럼, ________________________

안녕히 계세요.

2. 다음 단어 다음에 올 수 없는 것을 고르세요.

① 버스를	□ 타다	☑ 내리다	□ 기다리다
② 전화를	□ 울리다	□ 걸다	□ 끊다
③ 약속을	□ 누르다	□ 정하다	□ 취소하다

El fin de semana

제8과 주말활동

Diccionario Ilustrado 그림사전

명사 Nombres

낚시 Pesca
노래 Canción
등산 Senderismo
빨래 Colada
사진 Fotografía
설거지 Lavado de platos
쇼핑 Compras
여행 Viaje
음악 Música
주말 Fin de semana
주중 Entre semana
찜질방 Baños termales
청소 Limpieza
춤 Baile
평일 Días entre semana cotidianos

동사 Verbos

듣다 Escuchar
읽다 Leer

표현 Expresiones

노래를 부르다
Cantar una canción
사진을 찍다
Tomar una fotografía
춤을 추다
Bailar

책을 읽다

음악을 듣다

영화를 보다

등산을 하다

노래를 부르다

사진을 찍다

춤을 추다

여행을 가다

낚시를 하다

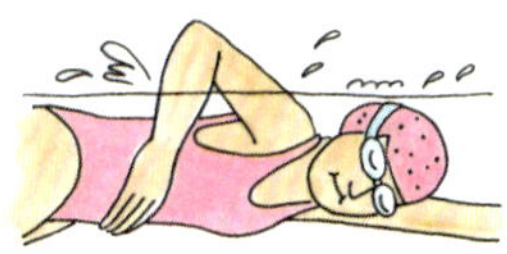

운동을 하다

컴퓨터 게임을 하다

쇼핑을 하다

찜질방에 가다

요리를 하다

설거지를 하다

청소를 하다

빨래를 하다

Días cotidianos y fin de semana 평일과 주말

요일	월요일	화요일	수요일	목요일	금요일	토요일	일요일
Día	Lunes	Martes	Miércoles	Jueves	Viernes	Sábado	Domingo
	주중(평일) I Entre semana (días cotidianos)					주말 I Fin de semana	

Diálogo 대화

주말에 뭐 해요? ¿Qué haces el fin de semana?

유진: 후안 씨, 이번 주말에 뭐 해요? Juan, ¿qué haces este fin de semana?
후안: 토요일에 남포동에 갈 거예요. El sábado iré a Nampodong.
유진: 남포동에서 무엇을 할 거예요? ¿Qué harás en Nampodong?
후안: 내일부터 남포동에서 국제영화제가 열려요.
A partir de mañana abre un cine internacional.
그래서 남포동에서 영화를 볼 거예요.
Por eso iré a Nampodong a ver una película.
유진 씨는 주말에 뭐 할 거예요?
Yujin, ¿qué haces el fin de semana?
유진: 저는 이번 주말에 해운대에 갈 거예요.
Yo este fin de semana iré a Haeundae.
해운대에서 바다를 구경할 거예요.
그리고 사진을 많이 찍을 거예요.
Iré a Haeundae a ver el mar. También tomaré muchas fotografías.

어휘 및 표현

이번	Este	바다	Mar
뭐(=무엇을)	Qué	구경하다	Hacer turismo / visitar
남포동	Nampodong	사진	Fotografía
국제영화제	Cine internacional	사진을 찍다	Tomar una fotografía / fotografiar
열리다	Abrirse	많이	Mucho
그래서	Por eso	이번 N	Este N
해운대	Haeundae	N부터	A partir de N

덤

부산국제영화제

매년 10월 부산 남포동과 해운대 등에서는 부산국제영화제(PIFF: Pusan International Film Festival)가 열립니다. 부산국제영화제는 1996년에 처음 시작하여 지금은 아시아 최고의 영화제가 되었습니다. 매년 부산국제영화제 기간에는 전 세계 영화감독과 영화배우, 그리고 영화를 사랑하는 많은 사람들이 부산을 찾고 있습니다.

Gramática 문법

1. V · A(으)ㄹ 거예요

Escribimos '-(으)ㄹ 거예요' detrás del verbo o adjetivo para formar la forma de futuro. También para formar conjeturas y/o suposiciones.
Si la raíz del verbo o del adjetivo termina en consonante (sílabas del tipo V1C1 o C1V1C2), se usa '-을 거예요'. y si termina en vocal (sílabas del tipo V1 o C1V1), se usa '-ㄹ 거예요'.

V_1C_1 또는 $C_1V_1C_2$	입다 Vestir	입 +을 거예요	→	입을 거예요 Me vestiré.
	많다 Haber mucho	많 +을 거예요	→	많을 거예요 Habrá muchos (conjetura)
V_1 또는 C_1V_1	오다 Venir	오 +ㄹ 거예요	→	올 거예요 Vendré
	예쁘다 Ser guapa	예쁘 +ㄹ 거예요	→	예쁠 거예요 Será guapa. (conjetura)

예

- 저는 오늘 저녁에 불고기를 먹을 거예요. (미래)
  Yo esta tarde-noche comeré Bulgogi. (futuro)
- 내일 부산에 비가 올 거예요. (미래)
  Mañana lloverá en Busan. (futuro)
- 지금 서울에 눈이 올 거예요. (추측)
  Ahora estará nevando en Seúl. (conjetura)
- 주말에 해운대에 사람이 많을 거예요. (추측)
  Este fin de semana habrá mucha gente en Haeundae. (conjetura)

2. 안 V · A(으)ㄹ 거예요

La forma negativa de '-(으)ㄹ 거예요' es '안 V(으)ㄹ 거예요'. En el caso del verbo 'N하다', la negación se forma usando 'N 안 V(으)ㄹ 하다'.

동사 Verbo	긍정문 Afirmativa	부정문 Negativa
가다 Ir	갈 거예요 Iré	안 갈 거예요 No iré
작다 Ser pequeño	작을 거예요 Será pequeño	안 작을 거예요 No será pequeño
깨끗하다 Estar limpio	깨끗할 거예요 Estará limpio	안 깨끗할 거예요 No estará limpio
※요리하다 Cocinar	요리할 거예요 Cocinaré	요리 안 할 거예요 No cocinaré.

예

- 방학에 집에 안 갈 거예요.
- 오늘 밤에는 인터넷을 안 할 거예요.
- 이번 겨울에는 부산에 눈이 안 올 거예요.
- 다음 주말에 날씨가 안 좋을 거예요.

Gramática práctica 문법 연습 ❽

1. 다음과 같이 하세요.

	어 제	오 늘	내 일
① 가다	갔어요	가요	갈 거예요
② 읽다		읽어요	
③ 하다		해요	
④ 먹다		먹어요	
⑤ 입다		입어요	
⑥ 사다		사요	

2. 다음의 대화를 완성하세요.

① 가 : 월요일에 운동을 할 거예요?
나 : 아니요, 월요일에 운동을 안 할 거예요.

② 가 : 토요일에 찜질방에 갈 거예요?
나 : 아니요, ______________.

③ 가 : 일요일에 등산을 할 거예요?
나 : 아니요, ______________.

④ 가 : 수요일에 청소를 할 거예요?
나 : 아니요, ______________.

Vocabulario & Expresiones 어휘 & 표현 ❽

1. 다음과 같이 하세요.

① 일 – 이 – (삼) – 사 – (　　) – 육 – 칠 – (　　) – (　　)

② (　　) – (　　) – 내일

③ 하나 – 둘 – (　　) – (　　) – 다섯 – 여섯 – (　　) – (　　)

④ 일요일 – 월요일 – 화요일 –(　　) – 목요일 – (　　) – (　　)

2. 다음의 대화를 완성하세요.

① 가 : 이번 주말에 무엇을 할 거예요?

나 : 책을 읽을 거예요.

② 가 : 이번 주말에 무엇을 할 거예요?

나 : ____________________.

③ 가 : 이번 주말에 무엇을 할 거예요?

나 : ____________________.

④ 가 : 이번 주말에 무엇을 할 거예요?

나 : ____________________.

En el hospital

제9과 병원가기

Diccionario Ilustrado 그림사전

명사	Nombres
감기	Resfriado
기침	Tos
머리	Cabeza
멍	Morado / golpe
몸살	Fatiga / cansancio
발	Pie
밴드	Banda / cinta
붕대	Vendas
약	medicine
열	Fiebre
접수	Recepción
주사	Inyección / vacuna
진찰	Chequeo médico
처방전	Receta
체온	Temperatura corporal
피	Sangre

동사	Verbos
감다	Envolver / vendar
다치다	Herirse / lastimarse
바르다	Aplicar, poner(se)
받다	Recibir
붙이다	Pegar / unir
삐다	Hacerse un esguince dislocarse
재다	Medir

형용사	Adjetivos
아프다	Doler

표현	Expresiones
감기에 걸리다	Pillar un resfriado
멍이 들다	Tener un morado
몸살이 나다	Padecer de fatiga
약을 짓다	Tomar la medicina
열이 나다	Coger fiebre / tener fiebre
주사를 맞다	Inyectar / vacunarse
피가 나다	Sangrar

접수를 하다

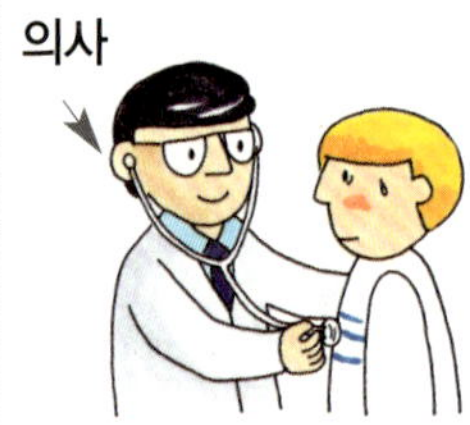

진찰을 받다

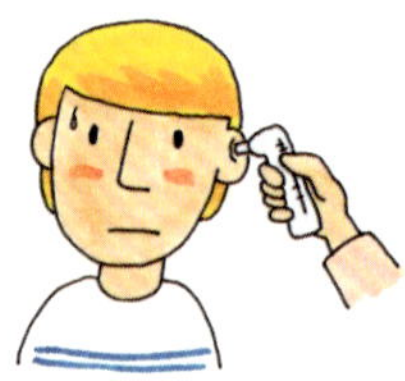
체온을 재다

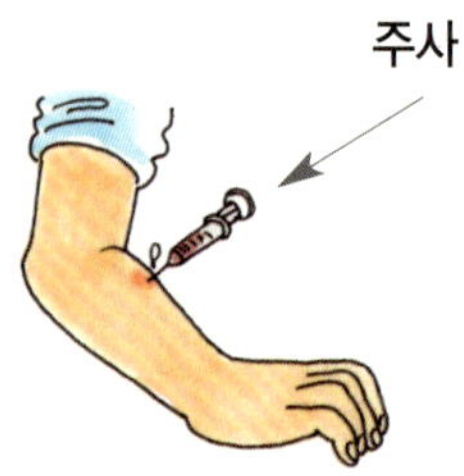

주사를 맞다

처방전을 받다

약을 짓다

머리가 아프다

몸살이 나다

다리를 다치다

피가 나다

감기에 걸리다

기침을 하다

콧물이 나다

열이 나다

멍이 들다

발을 삐다

엑스레이를 찍다

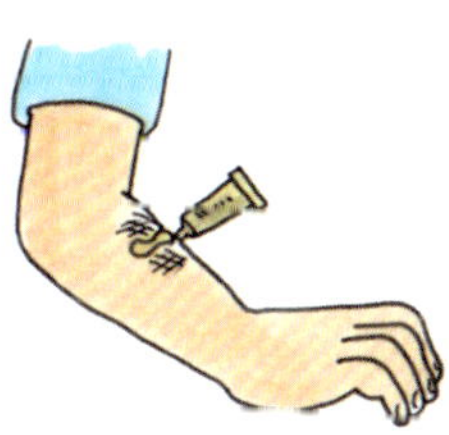

약을 바르다

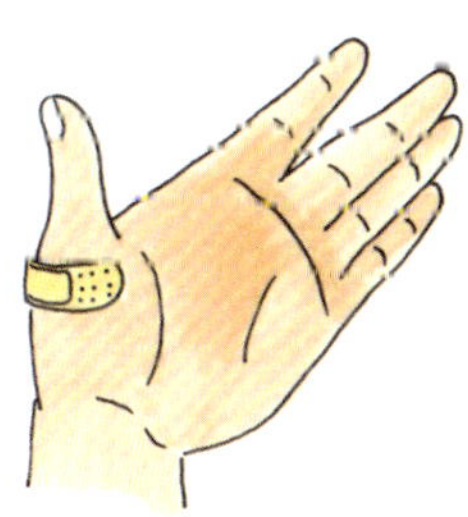

밴드를 붙이다

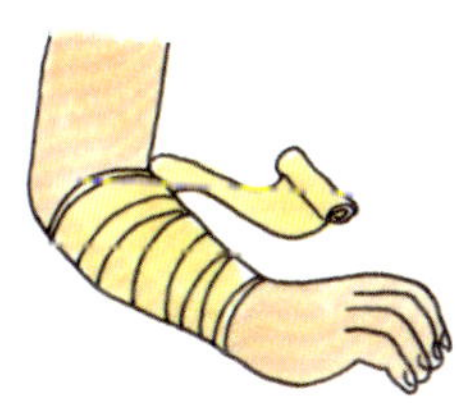

붕대를 감다

Diálogo 대화

배가 아프고 열이 나요. Me duele el estomágo y tengo fiebre.

간호사: 후안 씨, 1번 방으로 들어가세요. Juan, entre a la sala número 1.
의사: 어떻게 오셨어요? ¿Por qué ha venido?
후안: 배가 아프고 열이 나요. Me duele el estómago y tengo fiebre.
의사: 배가 어떻게 아파요? ¿Qué le pasa en el estómago?
후안: 소화가 잘 안 되고 설사를 해요.
No he hecho bien la digestión y tengo diarreas.
의사: 언제부터 아팠어요? ¿Desde cuándo le duele?
후안: 어제 밤부터 아팠어요. Desde ayer por la noche.
의사: 오늘은 매운 음식을 먹지 말고 죽을 드세요.
Hoy no coma picante y coma cereales.
그리고 이 약은 하루에 세 번 식후에 드세요.
Además tómese esta medicina 3 veces al día después de las comidas.

어휘 및 표현

1번	1 vez	설사(를) 하다	Tener diarreas
방	Sala / habitación	~지 말다	No hacer -. (imperativo)
들어가다	Entrar	죽	Cereales / gachas
매운	Picante	하루	Un día
소화	Digestión	식후	Después de comer
소화가 안 되다	No hacer bien la digestión	어떻게 오셨어요?	¿Por qué has venido?

덤

한의원

한국에는 한의원이라고 하는 병원이 있습니다. 한의원에서는 한국의 전통적인 치료법으로 환자를 치료합니다. 한의원은 서양식 병원과는 달리 칼과 기계를 사용하지 않고, 주로 한약과 침을 이용하여 치료를 합니다. 최근에는 자연친화적 치료법에 매력을 느낀 외국인들이 한의원을 많이 찾고 있다고 합니다.

Gramática 문법

1. V · A고

1) V · A고 (나열)

Usamos '–고' detrás de verbos y/o adjetivos para hacer una enumeración de acciones (sin orden y en igualdad de importancia).

예

- 오늘은 비가 와요. 그리고 바람이 불어요.
  → 오늘은 비가 오/고 바람이 불어요.
- 형은 대학생이에요. 그리고 동생은 고등학생이에요.
  Mi hermano mayor es universitario. Y mi hermano pequeño es estudiante de sencudaria.
  → 형은 대학생이/고 동생은 고등학생이에요.
  Mi hermano mayor es universitario y mi hermano pequeño es estudiante de secundaria.
- 후안 씨는 공부를 잘해요. 그리고 운동을 잘해요.
  Juan estudia bien. Y hace ejercicio..
  → 후안 씨는 공부를 잘하/고 운동을 잘해요.
  Juan estudia bien y hace ejercicio.
- 콧물이 나요. 그리고 기침을 해요.
  → 콧물이 나/고 기침을 해요.

2) V고 (시간 순서)

Usamos '–고' detrás de verbos también para hacer una enumeración temporal de hechos. La primera acción se realiza y una vez acabada se lleva a cabo la siguiente. En este caso, el sojeto ha de ser el mism

예

- 저는 밥을 먹어요. 그리고 그 후에 숙제를 해요.
  Yo como. Y después hago los deberes.
  → 저는 밥을 먹/고 숙제를 해요.
  Yo como y luego hago los deberes
- 수업이 끝나요. 그리고 사무실에 오세요.
  La clase se acaba. Vente al despacho.
  → 수업이 끝나/고 사무실에 오세요.
  Acaba la clase y vente al despacho.
- 먼저 숙제를 합시다. 그리고 텔레비전을 봅시다.
  Hagamos primero los deberes. Y luego veamos la televisió
  → 먼저 숙제를 하/고 텔레비전을 봅시다.
  Hagamos primero los deberés y veamos la televisión.
- 약을 바르세요. 그리고 밴드를 붙이세요.
  → 약을 바르/고 밴드를 붙이세요.

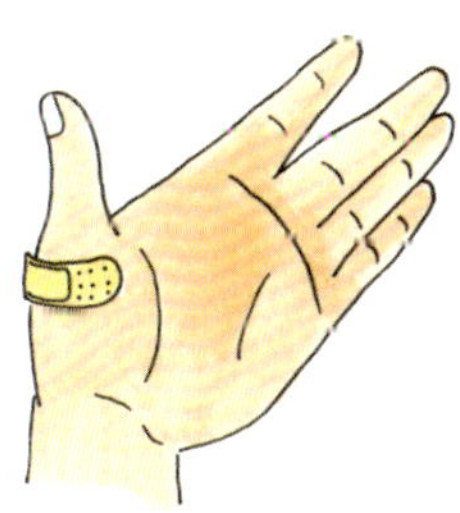

Gramática práctica 문법 연습 ❾

1. 다음 문장을 완성하세요.

① 오늘은 비가 와요. 그리고 바람이 불어요.

⇨ 오늘은 비가 오고 바람이 불어요.

② 후안 씨는 스페인 사람이에요. 그리고 유진 씨는 한국 사람이에요.

⇨ ______________________________

③ 피가 나요. 그리고 멍이 들었어요.

⇨ ______________________________

④ 후안 씨는 춤을 춰요. 그리고 유진 씨는 노래를 불러요.

⇨ ______________________________

2. 다음 표를 보고 후안 씨의 하루 일과를 쓰세요.

7:00	아침을 먹다
9:00	학교에 가다
10:00~12:00	한국어 수업을 듣다
12:00	점심을 먹다
1:00	도서관에서 책을 읽다
5:00	집에 돌아가다

① 후안 씨는 아침을 먹고 학교에 가요.

② 한국어 수업을 ____________________

③ 점심을 ____________________

④ 도서관에 책을 읽고 ____________________

Vocabulario & Expresiones 어휘 & 표현 ⑨

1. 관계있는 단어를 연결하세요.

① 머리가	㉠ 걸리다
② 열이	㉡ 아프다
③ 감기에	㉢ 다치다
④ 다리를	㉣ 하다
⑤ 기침을	㉤ 나다

2. 다음 그림을 보고, 알맞은 동사를 고르세요.

① 기침을 하다 / 나다

② 콧물이 하다 / 나다

③ 열이 하다 / 나다

④ 피가 하다 / 나다

En el restaurante

제10과 식당가기

Diccionario Ilustrado 그림사전

명사	Nombres
그릇	Plato
나이프	Cuchillo
메뉴판	Menú
배	Barriga / estómago
숟가락	Cuchara
음식	Comida
접시	Plato / fuente
젓가락	Palillos
컵	Vaso
포크	Tenedor

동사	Verbos
계산하다	Pagar la cuenta
시키다	Encargar/ordenar
주문하다	Encargar/ordenar

형용사	Adjetivos
달다	Ser dulce
맛없다	No estar bueno / rico
맛있다	Estar bueno / delicioso / rico
맵다	Ser picante
시다	Ser ácido
싱겁다	Estar soso
쓰다	Ser amargo
짜다	Estar salado

표현	Expresiones
배가 고프다	Tener hambre
배가 부르다	Estar lleno

배가 고프다

배가 부르다

메뉴판을 보다

음식을 고르다

음식을 시키다 = 주문하다

계산하다

맛있다

맛없다

음식의 맛

식사도구 이름

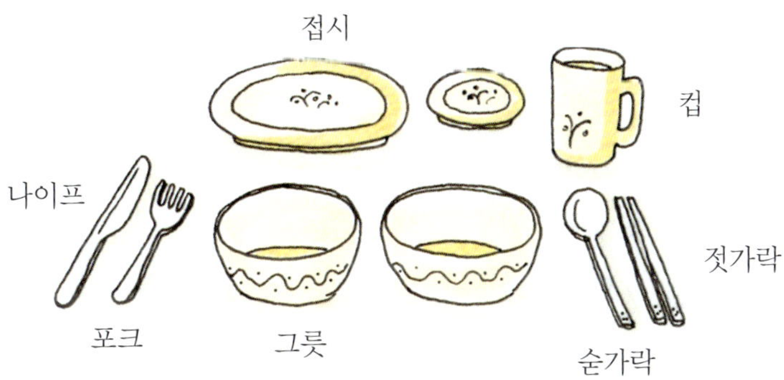

유용한 표현

어서 오세요.	Adelante / bienvenidos.
이쪽으로 오세요.	Vengan por aquí.
뭐 드시겠습니까?	¿Qué tomarán para comer?
음식 값은 선불입니다.	La comida se paga por adelantado.
제가 한 턱 낼게요.	Yo voy a dar un banquete.
반찬 좀 더 주세요.	Traiga más Banchan, por favor.
몇 분이세요?	¿Cuántas personas sois?

Diálogo 대화

삼겹살을 먹고 싶어요. Quiero comer Samgyeobsal.

유진: 후안 씨, 저녁 먹었어요? Juan, ¿has cenado?

후안: 아니요. 아직 안 먹었어요. No, aún no he cenado.

유진: 그러면, 같이 저녁을 먹을까요? De acuerdo, entonces ¿vamos a cenar juntos?

후안: 네, 좋아요. 학교 근처 식당에 갑시다.

Sí, vale. Vayamos a un restaurante cerca de la escuela.

〈식당에서〉 〈En el restaurante〉

유진: 후안 씨, 뭐 먹고 싶어요?

Juan, ¿qué quieres comer?

후안: 저는 삼겹살을 먹고 싶어요. 유진 씨는요?

Yo quiero comer Samgyeopsal. ¿Y tú, Yunjin?

유진: 저도 삼겹살을 먹고 싶어요. 우리 밥도 먹을까요?

Yo también quiero comer Sambgyeopsal. ¿Comemos también arroz?

후안: 좋아요. Vale.

유진: 여기요! 삼겹살 이 인분하고 밥 두 공기 주세요.

¡Camarero! Traiga Samgyeobsal para dos personas, y dos boles de arroz, por favor.

어휘 및 표현

아직	Todavía, aún	인분	Personas
같이	Juntos	공기	Bol
근처	Cerca	N1하고 N2	N1 y N2
삼겹살	Samgyeopsal		

덤

한국 음식

김치	비빔밥	불고기	삼계탕	된장찌개

Gramática 문법

1. V고 싶다

Usamos '-고 싶다' detrás de un verbo para expresar deseo y/o ganas de realizar la acción.

먹다 Todavía / aún	먹/ + 고 싶다	→	먹고 싶다 Quiero comer
살다 Vivir	살/ + 고 싶다	→	살고 싶다 Quiero vivir
보다 Ver.	보/ + 고 싶다	→	보고 싶다 Quiero ver
결혼하다 Casarse	결혼하/ + 고 싶다	→	결혼하고 싶다 Quiero casarme

예

- 배가 고파요. 밥을 먹고 싶어요.
  Tengo hambre. Quiero comer.

- 너무 피곤해요. 쉬고 싶어요.
  Estoy muy cansado. Quiero descansar.

- 오늘은 제 생일이에요. 선물을 받고 싶어요.
  Hoy es mi cumpleaños. Quiero recibir regalos.

- 후안: 이번 크리스마스에 뭐 하고 싶어요?
  유진: 친구들하고 파티를 하고 싶어요.

- 유진: 졸업하고 뭐 하고 싶어요?
  후안: 졸업하고 한국 회사에 다니고 싶어요.

Gramática práctica 문법 연습 ⑩

1. 【보기】에서 그림에 맞는 표현을 고르세요.

보기 • 밥을 먹고 싶어요 • 쉬고 싶어요 • 선물을 받고 싶어요

① 너무 피곤해요.

쉬고 싶어요.

② 배가 고파요.

____

③ 오늘은 제 생일이에요.

____

2. 다음을 바꿔 쓰세요.

① 삼겹살을 먹어요. ⇨ 삼겹살을 먹고 싶어요.

② 책을 읽어요. ⇨ ________________

③ 버스에서 내려요. ⇨ ________________

④ 자리에 앉아요. ⇨ ________________

⑤ 운동을 해요. ⇨ ________________

Vocabulario & Expresiones 어휘 & 표현 ⑩

1. 다음 그림에 맞는 표현을 고르세요.

① ㉠ 짜다

② ㉡ 맵다

③ ㉢ 시다

④ ㉣ 달다

⑤ ㉤ 쓰다

2. 그림을 보고 대화를 완성하세요.

① 가 : 무엇이 있어요?
나 : 컵하고 포크가 있어요.

② 가 : 무엇이 있어요?
나 : ______________

③ 가 : 무엇이 있어요?
나 : ______________

De compras

제11과 물건사기

Diccionario Ilustrado 그림사전

명사	Nombres
값	Precio
길이	Longitud / talla
모자	Sombrero
사이즈	Medida
쇼핑	Compras
신발	Zapatos
옷	Ropa

동사	Verbos
계산하다	Calcular / contar
고르다	Escoger / seleccionar
교환하다	Cambiar intercambiar
구경하다	Visitar / echar una ojeada
깎다	Rebajar
들다	Llevar(una bolsa de mano)
맞다	Acertar / quedar bien
메다	Atar
벗다	Quitarse
사인하다	Firmar
쓰다	Usar / ponerse
입다	Vestirse / ponerse
입어 보다	Probarse
환불하다	Devolver / reembolsar

형용사	Adjetivos
길다	Ser largo
비싸다	Ser caro
싸다	Ser barato
작다	Ser pequeño
짧다	Ser corto
크다	Ser grande

쇼핑가다

구경하다

옷을 고르다

옷을 입어 보다

옷값을 깎다

계산하다

영수증에 사인하다

영수증을 받다

교환하다

환불하다

옷을 입다 / 벗다

모자를 쓰다 / 벗다

신발을 신다 / 벗다

가방을 들다 / 메다

값이 싸다 / 비싸다

사이즈가 크다 / 맞다 / 작다

길이가 길다 / 짧다

Expresiones útiles 유용한 표현

그냥 구경할게요.	Echaré una ojeada solamente.
좀 깎아 주세요.	Hágame un descuento por favor.
입어 봐도 돼요?	¿Puedo probármelo?
~ 좀 보여주세요.	Enséñemelo por favor.
이걸로 주세요.	Póngamelo, por favor. (cuando decides hacer la compra).

Diálogo 대화

이 바지 입어 봐도 돼요? ¿Puedo probarme estos pantalones?

점원: 어서 오세요. 뭘 찾으세요? Adelante, bienvenidos. ¿Qué está buscando?
후안: 바지를 사고 싶어요. Quiero comprarme unos pantalones.
점원: 이 바지 어때요? ¿Qué tal estos pantalones?
후안: 이 바지는 색깔이 마음에 안 들어요. 다른 색깔 있어요?
No me gusta el color de estos pantalones. ¿Hay de algún otro color?
점원: 네. 검은 색이 있어요. Sí. Los hay de color negro.
후안: 그것 좀 보여 주세요. Enséñemelos, por favor.
점원: 여기 있어요. Aquí están.
후안: 입어 봐도 돼요? ¿Puedo probármelos?
점원: 그럼요. Desde luego.
〈옷을 갈아입은 후〉 (Después de cambiarse la ropa.)
점원: 마음에 들어요? ¿Le gustan?
후안: 네, 마음에 들어요. 이걸로 주세요.
Sí, me gustan. Póngamelos, por favor.

어휘 및 표현

어서	Rápido	주다	Dar
찾다	Buscar / encontrar	어서 오세요.	Adelante / bienvenidos.
바지	Pantalones	뭘 찾으세요?	¿Qué está buscando?
색깔	Color	마음에 들다	Me gusta
마음	Mente	그럼요.	Desde luego
검은 색	Color negro		

덤

교환과 환불

보통 백화점에서 쇼핑을 한 후에 교환이나 환불을 하려면 구입한 날부터 7-14일 이내에 해야 합니다. 그리고 교환, 환불을 할 때는 반드시 영수증이 있어야 합니다. 가게마다 교환, 환불 조건이 다르므로, 물건을 살 때는 꼼꼼히 살펴보고 교환, 환불 기간을 확인하는 것이 좋습니다.

Gramática 문법

1. V아/어/여도 돼요?

Usamos '–어/아/여도 돼요?' detrás del verbo cuando le preguntamos a otra persona sobre la posibilidad de realizar la acción, o le pedimos permiso para ello.
Si en la raíz del verbo están las vocales 'ㅏ, ㅗ', usamos '–어도 돼요?'. En los demás casos usamos '–어도 돼요?'. Con el verbo '하다', usamos '–여도 돼요?'.

ㅗ, ㅏ	가다 Ir	가/ + 아도 돼요?	→	가도 돼요? ¿Puedo ir?
	보다 Ver	보/ + 아도 돼요?	→	봐도 돼요? ¿Puedo ver?
	받다	받/ +아도 돼요?	→	받아도 돼요?
ㅗ, ㅏ 제외한 모음 (ㅜ, ㅓ, ㅡ, ㅣ…)	먹다 Comer	먹/ +어도 돼요?	→	먹어도 돼요? ¿Puedo comer?
	주다 Dar	주/ +어도 돼요?	→	줘도 돼요? ¿Te lo puedo dar?
	벗다 Quitarse	벗/ +어도 돼요?	→	벗어도 돼요? ¿Me lo puedo quitar?
'하다' 동사	사용하다 Usar	사용하/ + 여도 돼요?	→	사용해도 돼요? ¿Puedo usarlo?
	요리하다 Cocinar	요리하/ + 여도 돼요?	→	요리해도 돼요? ¿Puedo cocinar?
	구경하다	구경하/+여도 돼요?	→	구경해도 돼요?

Cuando preguntamos con 'V아/어/여도 돼요?', las posibles respuestas son '네, V아/어/여도 돼요.' o bien '아니요, V(으)면 안 돼요.'

예

- 후안: 선생님, 지금 화장실에 가도 돼요? Profesor, ¿puedo ir al baño?
  선생님: 네, 가도 돼요. Sí, sí puedes ir.
  아니요, 가면 안 돼요. No, no puedes ir.

- 유진: 여기에서 전화해도 돼요? ¿Puedo llamar desde aquí?
  후안: 네, 전화해도 돼요. Sí, sí puedes llamar.
  아니요, 전화하면 안 돼요. No, no puedes llamar.

- 후안: 해운대에서 수영해도 돼요?
  유진: 네, 수영해도 돼요.

- 유진: 극장에서 사진을 찍어도 돼요?
  선생님: 아니요. 극장에서 사진을 찍으면 안 돼요.

Gramática práctica 문법 연습 ⓫

1. 【보기】와 같이 그림에 맞는 표현을 완성하세요.

보기

① 빵을 먹다.

가 : 먹어도 돼요?

나 : 네, 먹어도 돼요.

아니요, 먹으면 안 돼요.

② 옷을 입다.

가 : ______________________

나 : ______________________

____

③ 옷을 벗다.

가 : ______________________

나 : ______________________

____

④ 사진을 보다.

가 : ______________________

나 : ______________________

____

⑤ 물을 마시다.

가 : ______________________

나 : ______________________

____

Vocabulario & Expresiones 어휘 & 표현 ⓫

1. 반대말을 연결하세요. 그리고 대화를 완성하세요.

① 맛없다 •	• 크다
② 짧다 •	• 싸다
③ 작다 •	• 맛있다
④ 비싸다 •	• 길다

㉠ 가 : 삼겹살이 맛있어요? 나 : 아니요, 맛없어요.

㉡ 가 : 바지가 짧아요? 나 : 아니요, ________

㉢ 가 : 옷이 커요? 나 : 아니요, ________

㉣ 가 : 모자가 비싸요? 나 : 아니요, ________

2. 【보기】에서 그림에 맞는 표현을 고르세요. 그리고 아래와 같이 활용해 보세요.

보기 • 쇼핑가다 • 구경하다 • 옷값을 깎다

① 쇼핑가다. ⇨ 쇼핑가요.

② ________ ⇨ ________

③ ________ ⇨ ________

El lenguaje honorífico

제12과 높임말

Diccionario Ilustrado 그림사전

명사 Nombres

나이	Edad
댁	Casa(honorífico)
밥	Comida / arroz
생신	Cumpleaños aniversario(honorífico)
생일	Cumpleaños / aniversario
연세	Edad(honorífico)
진지	Comida(honorífico)
집	Casa

동사 Verbos

계시다	Estar / tener(honorífico)
드리다	Dar(honorífico)
드시다	Comer(honorífico)
말씀하시다	Hablar decir(honorífico)
잡수시다	Comer(honorífico)
주무시다	Dormir(honorífico)

형용사 Adjetivos

편찮으시다	Estar enfermo (honorífico)

나이가 몇 살이에요?

나이

연세가 어떻게 되세요?

연세

밥

진지

집이 어디예요?

집

댁이 어디세요?

댁

생일

생신

먹다

있다

자다

드시다 / 잡수시다

계시다

주무시다

말하다

아프다

주다

말씀하시다

편찮으시다

드리다

Diálogo 대화

다음 주 월요일은 어머니 생신이에요.
El lunes de la semana que viene es el cumpleaños de mi madre.

우리 가족은 아버지, 어머니, 형, 그리고 저 이렇게 모두 4명이에요.

En mi familia somos 4 personas: mi padre, mi madre, mi hermano mayor y yo.

아버지하고 어머니께서는 스페인에 계세요. Mi madre y mi padre están en España.

아버지께서는 회사에 다니세요. Mi padre trabaja en una empresa.

어머니께서는 선생님이세요. Mi madre es profesora

형은 미국에 있어요.

미국에서 대학교에 다녀요.

Mi hermano mayor está en Estados Unidos.

Está en una universidad estadounidense.

다음 주 월요일은 어머니 생신이에요.

El lunes de la semana que viene es el aniversario de mi madre.

저는 어머니께 선물을 드리고 싶어요. 인삼을 살 거예요.

Yo le quiero regalar algo a mi madre. Le compraré Ginseng.

어휘 및 표현

가족	Familia	**생신**	Aniversario / cumpleaños(honorífico)
어머니	Madre	**선물**	Regalo
아버지	Padre	**드리다**	Dar(honorífico)
형	Hermano mayor(de él)	**인삼**	Ginseng
이렇게	Así	**N에 다니다**	Pasar el tiempo en N / estar en N
모두	Todos		
회사	Empresa		

덤

반말

한국어에는 웃어른에게 사용하는 높임말도 있지만, 아주 친한 친구에게 사용하는 반말도 있습니다. 예를 들어, 나이가 같은 친한 친구에게는 "어디에 가요?" 대신 "어디에 가?", "많이 드세요." 대신 "많이 먹어.", "집에 갑시다." 대신 "집에 가자." 등 반말을 사용할 수 있습니다.

이름을 부를 때도 "OO 씨!"가 아니라 "OO아!" 또는 "OO야!"로 불러야 합니다.

Gramática 문법

1. N께서 V · A(으)세요 / N께서 V · A(으)십니다

'–께서 –(으)세요' y '–이/가 –아/어/여요'. son formas honoríficas. Cuando escribimos las formas honoríficas del sujeto reemplazamos '–이/가' por '–께서'. Cuando escribimos las formas honoríficas del predicado usamos '–(으)세요'. '–(으)세요' es una forma más informal, y para escribir de manera más formal podemos utilizar '(으)십니다'. Todos los verbos '있다, 먹다, 자다' tienen formas honoríficas propias que son '계시다, 드시다/잡수시다, 주무시다'.

동사 Verbo	비격식체 높임말 Honorífico informal	격식체 높임말 Honorífico formal
읽다 Leer	읽으세요	읽으십니다
보다 Ver	보세요	보십니다
크다 Ser grande	크세요	크십니다
※있다 Haber / Estar	계세요	계십니다
※먹다 Comer	드세요 / 잡수세요	드십니다 / 잡수십니다
※자다 Dormir	주무세요	주무십니다

예
- 아버지께서 신문을 읽으세요/읽으십니다. Mi padre lee el periódico.
- 어머니께서 텔레비전을 보세요/보십니다. Mi madre ve la televisión.
- 선생님께서 키가 크세요/크십니다. El profesor es alto.
- 할아버지께서 방에서 주무세요/주무십니다. Mi abuelo duerme.

2. 명사 높임말

En coreano hay nombres que tienen su propia forma honorífica.

명사 Nombres	높임말 Forma honorífica
집 Casa	댁 Casa(honorífico)
밥 Comida	진지 Comida(honorífico)
생일 Cumpleaños / aniversario–	생신 Cumpleaños / aniversario(honorífico)
나이 Edad	연세 Edad(honorífico)

예
- 선생님께서 댁에 안 계세요. El profesor no está en casa.
- 아버지께서 신시를 드세요. Mi abuelo está comiendo.
- 할머니께서 연세가 많으세요. Mi abuela tiene muchos años.

Gramática práctica 문법 연습 ⑫

1. 알맞은 말을 고르세요.

① 할아버지께서 병원에 (가요. / 가세요.)

② 친구는 학교에서 한국어를 (공부해요. / 공부하세요.)

③ 동생은 책을 (읽어요. / 읽으세요.)

④ 아버지께서 회사에 (다녀요. / 다니세요.)

⑤ 어머니께서 텔레비전을 (봐요. / 보세요.)

2. 알맞은 말을 쓰세요.

	현재 : ~(으)세요	과거 : ~(으)셨어요
가다	가세요	가셨어요
오다		
읽다		
앉다		
공부하다		

Vocabulario & Expresiones 어휘 & 표현 ⓬

1. 【보기】에서 단어를 연결하고 쓰세요.

보기		
먹다	말하다	주다
있다	편찮으시다	드리다
주무시다	드시다	계시다
말씀하시다	자다	아프다

① 먹다 / 드시다
② ______
③ ______
④ ______
⑤ ______
⑥ ______

2. 【보기】에서 단어를 연결하고 쓰세요.

보기	
나이	밥
집	연세
진지	생신
생일	댁

① 나이 / 연세
② ______
③ ______
④ ______

신나라

부경 한국어

성 게오르기우스의 전설
La leyenda de San Jorge

La leyenda de San Jorge

성 게오르기우스의 전설

Hace mucho mucho tiempo, un dragón feroz y terrible que podía caminar, volar y nadar devastaba la región de la Capadocia.

옛날 옛날에 카파도키아라는 마을에 무서운 용이 나타났습니다. 이 용은 걷기도 하고 날기도 하고 헤엄도 칠 수 있었습니다.

Tanto los habitantes del pueblo como el ganado tenían miedo del monstruo, y por toda la comarca reinaba el terror más profundo. Preocupados por la situación, los habitantes de la Capadocia decidieron entregar una persona cada día al dragón para intentar calmar su apetito. El problema era encontrar cada día una persona que quisiera sacrificarse para ser devorada por el monstruo. Por eso, después de una larga deliberación, los habitantes de la región decidieron sortear cada día quién sería la persona que iría a parar al estómago del monstruo. Así lo hicieron, y durante un tiempo la malvada bestia dejó de molestar al pueblo de la Capadocia.

마을 사람들과 동물들은 모두 용을 두려워하였습니다. 카파도키아 마을 사람들은 용을 달래려고 매일 사람을 제물로 바치기로 하였습니다. 하지만 매일 사람을 제물로 바치는 일은 쉽지 않았습니다. 마을 사람들은 오랫동안 고민한 끝에, 제물로 바칠 사람을 제비뽑기로 정하기로 했습니다. 이렇게 하자, 잠시 동안 용은 마을을 습격하지 않았습니다.

Pero un día le tocó a la hija del rey ser devorada por el dragón. La joven princesa era muy simpática, amable, buena y elegante. Todos los habitantes de la Capadocia la querían mucho, y por eso cientos de personas se ofrecieron para substituirla. Pero el rey, afligido y adolorido, fue justo y severo, y dijo que su hija era como cualquier otra hija, y que tenía que partir.

그러던 어느 날, 공주가 제물로 뽑히게 되었습니다. 착하고 아름다운 공주를 아꼈던 카파도키아 사람들은 공주를 대신해 자신이 용의 제물이 되겠다고 나섰습니다. 하지만 왕은 공주가 제물로 뽑혔으니 그 결정을 받아들이기로 하고 공주를 용에게 보내기로 했습니다.

Y así fue como la joven doncella salió del castillo para encontrarse con la bestia, mientras todo el mundo miraba desconsolado y afligido como la princesa se dirigía hacia el sacrificio. Pero mientras la chica caminaba hacia la cueva monstruo, un joven caballero llamado San Jorge apareció, vestido con una armadura brillante y montado sobre un caballo blanco. La doncella lo miró y le advirtió:

마침내 공주는 용이 사는 곳으로 떠나게 되었습니다. 공주가 용이 사는 곳에 거의 다다랐을 때 갑옷을 입고 백마를 탄 기사가 나타났습니다. 기사는 공주에게 자신을 성 게오르기우스라고 소개했습니다. 공주는 기사에게 소리쳤습니다.

- Huid! Huid rápidamente de aquí! Noble caballero, si no huis vendrá la bestia y tan pronto os vea os devorará a vos también!

"도망치세요! 여기에서 어서 빨리 도망치세요! 용이 기사님을 잡아먹을 거예요!"

El joven caballero la miró y contestó:

기사는 공주에게 말했습니다.

-No temáis, joven doncella. Si estoy aquí es porque he venido expresamente para matar a la bestia. He venido desde un país muy lejano para protegeros a vos y liberar a vuestro pueblo de la malvada fiera.

"공주님, 두려워하지 마십시오! 저는 용을 죽이고 당신을 구하려고 여기에 왔습니다." "저는공주님을 꼭 구해낼 겁니다."

Nada más decir estas palabras apareció el dragón, para horror de la princesa y goce del caballero. Comenzó una intensa pero breve lucha, hasta que el joven caballero le clavó una buena estocada en el cuello a la bestia con su afilada espada que la dejó mal herida, y la mató. De la sangre del dragón surgió un rosal con las rosas más rojas que la princesa hubiera visto en su vida. El joven caballero cortó una rosa y se la regaló a la princesa.

기사의 말이 끝나자마자 용이 나타났습니다. 공주는 두려움에 떨었습니다. 기사는 용에 맞서 용감하게 싸웠고 결국 용은 기사의 칼에 찔려 죽었습니다. 용은 죽으면서 붉은 피를 흘렸는데, 그 피가 빨간 장미꽃으로 변했습니다. 그 꽃은 공주가 여태껏 본 장미꽃 중에서 가장 아름다운 꽃이었습니다. 성 게오르기우스 기사는 공주에게 장미꽃 한 송이를 주었습니다.

Y así fue como San Jorge liberó al pueblo de la Capadocia del yugo del dragón.

이렇게 하여 카파도키아에 마침내 평화가 찾아오게 되었습니다.

신나라
부경 한국어

연습문제_정답

연습문제 정답 Exercise_Answer

1과

문법연습

1. ① 이것은 사진이에요 ② 이것은 지도예요
   ③ 이 사람은 회사원이에요 ④ 이 사람은 의사예요

2. ① 그것은 책상이 아니에요
   ② 그것은 의자가 아니에요
   ③ 그 사람은 학생이 아니에요
   ④ 그 사람은 친구가 아니에요

3. ① 의사가 아니에요. 학생이에요
   ② 선생님이 아니에요. 가수예요

어휘 & 표현

1. ② 지도 ③ 여권 ④ 책

2. ① 이름이 뭐예요? ② 어디에서 왔어요?
   ③ 어디에 살아요? ④ 만나서 반가워요.

2과

문법연습

1. ② 가 ③ 를 ④ 은 ⑤ 을

2. ② 저것이 ③ 이것이 ④ 그것이

어휘 & 표현

1. ② 책(X) ③ 휴대폰(O) ④ 전자사전(O)
   ⑤ 교통카드(X) ⑥ 창문(O) ⑦ 휴지(X) ⑧ 문(O)

2. ① 손 ② 입 ③ 눈 ④ 팔꿈치 ⑤ 다리

3. ① 어디 ② 뭐

3과

문법연습

1. ② 수강 신청을 해요. ③ 도서관에 와요.
   ④ 저는 학생이에요. ⑤ 이것은 책이 아니에요.

2. ② 공부 안 해요. 밥을 먹어요.
   ③ 입학 안 해요. 졸업해요.
   ④ 숙제를 안 내요. 성적표를 받아요.

어휘 & 표현

1. ① 입학을 - 하다 ② 학비를 - 내다
   ③ 시험을 - 보다 ④ 동아리에 - 들다

2. ② 학교 ③ 사무실 ④ 식당 ⑤ 은행 ⑥ 교실

4과

문법연습

1. ② 한 병 ③ 네 잔 ④ 열 개
   ⑤ 다섯 마리 ⑥ 여덟 대

2. ② 시, 이십칠 ③ 백팔십 ④ 칠십

3. ② 서른 ③ 열다섯 ④ 여섯

어휘 & 표현

1. ② 이천구년 유월 육일이에요
   ③ 이천육년 십이월 십사일이에요
   ④ 이천십년 시월 십일이에요

2. ① 유월, 구월, 시월 ② 둘, 셋, 여섯, 여덟

3. ① 몇 월 며칠이에요? ② 언제예요?
   ③ 무엇을 해요?

5과

문법연습

1. ② 공부했어요 ③ 마셨어요 ④ 배웠어요
   ⑤ 먹었어요 ⑥ 웃었어요

2. ② 친구를 만났어요 ③ 인터넷을 했어요

어휘 & 표현

1. ② 세수를 하다 ③ 샤워를 하다
   ④ 인터넷을 하다 ⑤ 친구를 만나다 ⑥ 이를 닦다

2. ② 1일부터 4일까지 비가 왔어요
   ③ 아침부터 밤까지 공부를 했어요

6과

문법연습

1. ② 기다리세요 ③ 타세요 ④ 앉으세요 ⑤ 잡으세요

2. ② 기다리지 마세요 ③ 타지 마세요
   ④ 앉지 마세요 ⑤ 잡지 마세요

3. ② 읽으세요
   ④ 영어로 말하지 마세요 ⑤ 책을 보지 마세요

어휘 & 표현

1. ② 줄을 서다 ③ 버스를 타다
   ④ 버스에서 내리다 ⑤ 벨을 누르다

연습문제 정답 Exercise_Answer

7과

문법연습

1. ② 만날까요? ③ 먹을까요? ④ 볼까요? ⑤ 읽을까요?

2. ② 만납시다 ③ 먹읍시다 ④ 봅시다 ⑤ 읽읍시다

3. ② 공부할까요? ③ 의자에 앉을까요?

어휘 & 표현

1. ① 거기 후안 씨 집이지요? ② 후안 씨 좀 바꿔 주세요.
   ③ 다시 전화할게요.

2. ② 울리다 ③ 누르다

8과

문법연습

1. ② 읽었어요, 읽을 거예요 ③ 했어요, 할 거예요
   ④ 먹었어요, 먹을 거예요
   ⑤ 입었어요, 입을 거예요 ⑥ 샀어요, 살 거예요

2. ② 토요일에 찜질방에 안 갈 거예요
   ③ 일요일에 등산을 안 할 거예요
   ④ 수요일에 청소를 안 할 거예요

어휘 & 표현

1. ① 오, 팔, 구 ② 어제, 오늘 ③ 셋, 넷, 일곱, 여덟
   ④ 수요일, 금요일, 토요일

2. ② 사진을 찍을 거예요 ③ 빨래를 할 거예요
   ④ 여행을 갈 거예요

9과

문법연습

1. ② 후안 씨는 스페인 사람이고 유진 씨는 한국 사람이에요
   ③ 피가 나고 멍이 들었어요
   ④ 후안 씨는 춤을 추고 유진 씨는 노래를 불러요

2. ② 듣고 점심을 먹어요
   ③ 점심을 먹고 도서관에서 책을 읽어요
   ④ 집에 돌아가요

어휘 & 표현

1. ② – ⓜ ③ – ㉠ ④ – ㉢ ⑤ – ㉣

2. ② 나다 ③ 나다 ④ 나다

10과

문법연습

1. ② 밥을 먹고 싶어요 ③ 선물을 받고 싶어요

2. ② 책을 읽고 싶어요 ③ 버스에서 내리고 싶어요
   ④ 자리에 앉고 싶어요 ⑤ 운동을 하고 싶어요

어휘 & 표현

1. ② – ㉤ ③ – ㉣ ④ – ㉢ ⑤ – ㉠

2. ② 젓가락하고 숟가락이 있어요
   ③ 그릇하고 접시가 있어요

11과

문법연습

1. ② 옷을 입어도 돼요? 네, 입어도 돼요. 아니요,
   입으면 안 돼요.
   ③ 옷을 벗어도 돼요? 네, 벗어도 돼요. 아니요,
   벗으면 안 돼요.
   ④ 사진을 봐도 돼요? 네, 봐도 돼요. 아니요,
   보면 안 돼요.
   ⑤ 물을 마셔도 돼요? 네, 마셔도 돼요. 아니요,
   마시면 안 돼요.

어휘 & 표현

1. 짧다 – 길다, 작다 – 크다, 비싸다 – 싸다
   ② 길어요 ③ 작아요 ④ 싸요

2. ② 옷값을 깎다 →옷값을 깎아요
   ③ 구경하다 → 구경해요

12과

문법연습

1. ① 가세요 ② 공부해요 ③ 읽어요
   ④ 다니세요 ⑥ 보세요

2. ② 오세요, 오셨어요 ③ 읽으세요, 읽으셨어요
   ④ 앉으세요, 앉으셨어요
   ⑤ 공부하세요, 공부하셨어요

어휘 & 표현

1. ② 말하다 / 말씀하시다 ③ 주다 / 드리다
   ④ 있다 / 계시다 ⑤ 아프다 / 편찮으시다
   ⑥ 자다 / 주무시다
2. ② 밥 / 진지 ③ 집 / 댁 ④ 생일 / 생신

신나라 부경한국어 | Spanish

발행일 | 2011년 2월 10일
지은이 | 채영희
삽 화 | 김민표 (하늘디자인 · 기획)
발행처 | 부경대학교 출판부

디자인 · 제작 | 하늘디자인 · 기획 051)611-3969

인 쇄 | 우성정판인쇄소
제 본 | 선우제본

가 격 | 14,000원